Marc Hoffmann

Napoleon Bonaparte als literarisches Spiegelbild von Sehnsüchten, Erwartungen und Verteufelung

Bachelor + Master
Publishing

Hoffmann, Marc: Napoleon Bonaparte als literarisches Spiegelbild von Sehnsüchten, Erwartungen und Verteufelung, Hamburg, Bachelor + Master Publishing 2013
Originaltitel der Abschlussarbeit: Napoleon in der deutschen und französischen Literatur an ausgewählten Beispielen der ersten Hälfte des 19. Jahrhunderts

Buch-ISBN: 978-3-95549-200-7
PDF-eBook-ISBN: 978-3-95549-700-2
Druck/Herstellung: Bachelor + Master Publishing, Hamburg, 2013
Zugl. Rheinische Friedrich-Wilhelms-Universität, Bonn, Deutschland, Bachelorarbeit, Juni 2010

Bibliografische Information der Deutschen Nationalbibliothek:
Die Deutsche Nationalbibliothek verzeichnet diese Publikation in der Deutschen Nationalbibliografie; detaillierte bibliografische Daten sind im Internet über http://dnb.d-nb.de abrufbar.

© Bachelor + Master Publishing, Imprint der Diplomica Verlag GmbH
Hermannstal 119k, 22119 Hamburg
http://www.diplomica-verlag.de, Hamburg 2013
Printed in Germany

Inhaltsverzeichnis

I. EINLEITUNG

Napoleon Bonaparte, der sich selbst zum Kaiser krönt, gilt als Bahnbre-
cher an der Schwelle zu einer neuen Zeit.[1] „Napoleon gelang es, eine
Legende bei Lebzeiten zu schaffen, aber erst nach seinem physischen
Ende zum Mythos zu werden."[2] Er spielt in der gesellschaftlichen Realität
des 19. Jahrhunderts eine außergewöhnliche und bedeutsame Rolle.[3]
Anhand der Darstellungsweisen der Persönlichkeit Napoleons sind verschiedene Deutungsmuster zur Person entstanden. In der vorliegenden
Arbeit werde ich untersuchen, wie Napoleon in der ersten Hälfte des 19.
Jahrhunderts beschrieben wird. Im ersten Teil der Arbeit werde ich anhand eines Vergleichs zweier Texte von J. F. Reichardt[4] und von F. A.
Chateaubriand[5] analysieren, wie Napoleon noch zu Lebzeiten literarisch
auf deutscher und französischer Seite dargestellt wird. In der Arbeit wird
auf Napoleon und auf seine Wirkung im Volk eingegangen werden, um
einen Einblick zu bekommen, wie seine Stellung als Politiker und Mensch
anhand der Autoren in der Gesellschaft aussieht. Im Folgenden werde ich
kurz auf die Anfänge der Mythologisierung eingehen und dies durch einen
kleinen Beispieltext von E. T. A. Hoffmann[6] veranschaulichen. Im letzten
Teil der Analyse werde ich einen Text von Grabbe[7] und einen von Dumas[8]
vergleichen und erörtern, um zu sehen, ob und wie eine Mythologisierung
nach dem Tod des Staatsmannes stattfindet. Hier werde ich, ähnlich wie
auch im ersten Teil, auf Napoleons Darstellungsweise eingehen und prüfen, ob sich die Meinung des Volks bezüglich seines Oberhaupts verän-

---

[1] Vgl. Ute Planert: Wann beginnt der „moderne" deutsche Nationalismus? Plädoyer für eine
nationale Sattelzeit. In: Jörg Echternkamp/Sven O. Müller (Hrsg.): Die Politik der Nation. Deutscher Nationalismus in Krieg und Krisen. 1760-1960. München 2002, S. 26.
[2] Eckart Kleßmann: Napoleon. Ein Charakterbild. Weimar 2000, S. 5.
[3] Vgl. Barbara Beßlich: Der deutsche Napoleon-Mythos. Literatur und Erinnerung 1800-1945.
Darmstadt 2007, S. 11.
[4] Johann Friedrich Reichardt: Vertraute Briefe aus Paris. 1802/1803. Herausgegeben und eingeleitet von Rolf Weber. 1. Aufl. 1981. [Verlag der Nation Berlin]. Im Text fortan als „VBP" angegeben.
[5] F. A. de Chateaubriand: De Buonaparte, des Bourbons, et de la nécessité de se rallier à nos
princes légitimes, pour le bonheur de la France et celui de l´Europe. Paris 1814. Im Text fortan als
„BB" angegeben.
[6] E.T.A. Hoffmann: Die Vision auf dem Schlachtfelde bei Dresden. In: Hartmut Steinecke (Hrsg.):
E.T.A. Hoffmann Fantasiestücke in Callot´s Manier Werke 1814. Band 2/1. [DKV]. Im Text fortan
als „DKV" angegeben.
[7] Christian Dietrich Grabbe: Napoleon oder die hundert Tage. Nachwort von Alfred Bergmann.
Stuttgart 2005. [RUB; 258]. Im Text fortan als „Grabbe" angegeben.
[8] Alexandre Dumas: Napoléon Bonaparte, ou Trente ans de l´histoire de France. In: Répertoire du
Théâtre français à Berlin. N° 203. Berlin 1839. Im Text fortan als „NB" angegeben.

dert hat. Des Weiteren werde ich im gesamten Verlauf der Analyse darauf achten, ob es bestimmte Attribute und Stereotype gibt, die in der Literatur Deutschlands und Frankreichs typisch geworden sind.

II. J. F. Reichardt: *Vertraute Briefe aus Paris*

Der angesehene Weimarer Komponist steht in freundschaftlicher Beziehung zu Goethe.[9] Reichardt gehört zu den wenigen Intellektuellen, die sich im Rahmen der Französischen Revolution auf die Seite der Republikaner, der Girondisten stellen. Diese Einstellung führt zu Auseinandersetzungen mit vielen Bekannten, vor allem auch mit Goethe. Große Anteilnahme wird ihm von Jean Paul versichert, einem weiteren Revolutionssympathisanten. Mit der Veröffentlichung „Vertraute Briefe aus Paris" von 1802/1803, die in der Gesellschaft auf großen Erfolg stößt, versucht er, wie Goethe meint, in „rasch hinfließende[r] Schreibart"[10] eine genaue Darstellung der französischen Gesellschaft unter der Herrschaft Napoleons wiederzugeben.[11]

II.1. Napoleonporträt

> „Bonaparte ist klein, kaum fünf Fuß hoch, und äußerst mager: dünnere Lenden, Beine und Arme kann man nicht leicht sehen. Brust und Schultern sind breit, so auch das Gesicht, doch ohne hervorstehende Knochen, ungeachtet die Haut scharf angespannt ist. Diese ist ebensoviel Olivenfarbe als gelb, ohne die mindeste Spur von Blutfarbe und ohne alle merkliche Beweglichkeit." (VBP, S. 106f.)

Sein Aussehen wirkt ernüchternd: ohne natürliche Gesichtsfarbe, wie eine unmenschliche und gefühllose Person.

> „Die Mittellinie des Mundes würde sehr angenehm sein, wenn sie nicht zu gerade wäre und beim Schweigen so scharf schlösse, daß von Lippen wenig zu sehen bleibt. Beim Reden sind diese aber immer stark auseinandergezogen und bilden ein fortdauerndes Lächeln." (VBP, S. 107)

Napoleon wird als einen unsympathischen und eher unauffälligen Menschen dargestellt. Sein Lächeln wird durch die Form seiner Lippen erklärt; demzufolge findet keine natürliche Regung statt, was das ernüchternde Aussehen unterstreicht, ein Nebeneinander von menschlichen und dämonischen Zügen: „[...] vegetativ-sensible, unbewußte Prozesse"[12], die ihn

---

[9] Vgl. (Anm. 4), S. 5.
[10] Ebd., S. 7.
[11] Ebd., S. 6f.
[12] Wulf Wülfing: "Heiland" und "Höllensohn". Zum Napoleon-Mythos in Deutschland im 19. Jahrhundert. In: Helmut Berding (Hrsg.): Mythos und Nation. Studien zur Entwicklung kollektiven Bewußtseins in der Neuzeit. Frankfurt a. M. 1996, S. 166.

unberechenbar erscheinen lassen.[13] Man könnte behaupten, er wirkt beinahe mechanisch:. Seine Augen sind ausdruckslos „[…] ohne bestimmte Farbe und Feuer." (VBP, S. 107) Sein Blick ist unruhig und „forschend". Seine schwarzen Haare passen nicht und liegen nass an. Kontrastiv zum Konsularkostüm Napoleons muss sein Körper darin kaum Eindruck machen.

> „Dieses Kostüm besteht in einem etwas langen und weiten, scharlachroten, samtnen Kleide mit reicher Goldstickerei, die auf Bonapartes Kleide fast mit jeder öffentlichen Audienz immer stärker und prächtiger wurde." (VBP, S. 107)

Er legt es darauf an, seine körperlichen Defizite mit prunkvoller Kleidung zu kompensieren. Trotz der ruhigen Haltung erkennt man „[…] in allen Zügen den Italiener, die Italiener sagen, den Korsen, dessen Nationalphysiognomie bei ihm in ihrer ganzen Vollkommenheit ausgedrückt sein soll." (VBP, S. 108) Wenn auch mit Vorsicht, erläutert Reichardt das Problem seiner Herkunft. Napoleon ist nach seiner Herkunft ein fremder Aufsteiger. Niemals kann er sich als Franzose ausgeben. Seine Reden und Fragestellungen sind „herrisch". (VBP, S. 108) Er gebraucht viele Pointen, an denen man seine Überheblichkeit und sein gekünsteltes Auftreten erkennt. Sein Benehmen ist keine natürliche „tournure d'esprit". (VBP, S. 108) Nach Reichardt hat Napoleon keinen fremdartigen Akzent, dennoch ist jedem seine ausländische Herkunft offenbar. Er wird als „[…] weder fein- noch grobsinnlich […]" (VBP, S. 108) bezeichnet. Ihn interessiert nicht die feine Küche oder ein schöner Weinkeller. Der ausgeprägte Sinn für Künste fehlt ihm ebenso wie der Reiz an Frauen.

Soziale Kontakte interessieren ihn überhaupt nicht: „´Ich [Napoleon] verlange nur, daß man mir gut dient´"[14] Anteilnahme an Tanz und Musik sind für ihn von Nichtigkeit. Sympathie pflegt er nur für die Tragödie. Hier geht es Napoleon nicht um die Kunst, sondern nur um die „heroische Gesinnung" (VBP, S. 109), die oft pompös ausgedrückt wird. Laut Reichardt ist er ein großer Bewunderer des Dichters Ossian, der ihn mit „[…] dessen trübe[r], farbenlose[r] Natur [ihn] auch mit besonderer Sympathie ansprechen mag." (VBP, S. 109) Begeistern kann man Bonaparte auch nicht für

---

[13] Ebd., S. 166.
[14] Eckart Kleßmann, Napoleon, S. 29.

6

Spiele, nicht einmal für die Jagd oder das Reiten. Paradoxerweise hält er englische Pferde und Jagdhunde zur Vervollkommnung seines Hofstaates. Sein ganzer Besitz dient dem Zweck der Repräsentation nach außen. Sein einziges Lebenselixier besteht darin zu herrschen: „Herrschen ist seine einzige Leidenschaft und Beschäftigung ‚[…]". (VBP, S. 109) Nach Barbara Beßlich zeigt Reichardt Bonaparte als „macciavellistischen Machtmenschen"[15]. Genauer genommen ist er ein „Selbstherrscher" (VBP, S. 109), der alles selbstständig und allein entscheiden vermag und mit Anordnungen Tag und Nacht beschäftigt ist. Er ist im Bereich der Staatsangelegenheiten derart auf Erfolg bedacht, dass er tagsüber in seinem Arbeitszimmer „sich ausruhen muss, wenn sein gar nicht starker Körper erschöpft ist […]". (VBP, S. 109) Es gelingt ihm nicht, in seiner Arbeitswut Tag und Nacht zu unterscheiden und ist rücksichtslos auch gegenüber seinen Mitmenschen. Zum einen begibt sich seine Gemahlin erst zusammen mit Napoleon zu Bett, zum anderen interessiert ihn das Recht eines Jeden auf Nachtruhe nicht.

> „Auch Leute aus der Stadt, denen er eben etwas sagen will, läßt er
> mitten in der Nacht rufen, er mag in Paris oder St. Cloud sein, und an
> der Art, wie er sie abfertigt oder auch wohl stundenlang warten läßt,
> sieht jeder leicht, daß er der Stunde gar nicht eingedenk ist." (VBP, S.
> 109)

An dieser Stelle sieht man wieder seine egoistische und von Herrschsucht getriebene Gesinnung. Er erweist keinem Respekt, nicht einmal während der Nacht. Es ist eine auf Erfolg bedachte Person ohne Rücksicht.

Während des Tages wagt er es kaum, sich unter das Volk zu begeben. „[…] so tut er in Paris auch nie einen Schritt zu Fuß." (VBP, S. 167) Er bewegt sich nur unter dem Schutz großer Garden nach draußen, meistens um zu jemandem aus seiner Familie zu fahren. Man bemerkt einen starken Isolationswunsch des Herrschers. In seinem Haus gibt es nicht viele erfreuliche Anlässe. Die Gesellschaften der Gemahlin werden immer mehr auf die engste Familie reduziert. An größeren Empfängen, die noch manchmal stattfinden, nimmt Bonaparte nur kurz teil. Es erscheint schwierig eine eindeutige Identifikation seiner Person anhand des Berichts vorzunehmen, denn er ist sozusagen weder einsam noch gesellig. Nach

---

[15] Barbara Beßlich, Napoleon, S. 62.

Reichardt scheint er eine neutral-unauffällige und rational geleitete Figur zu sein. Als Gegenspieler Napoleons, hinsichtlich nationaler Zwecke, führt der Autor zur weiteren Charakterisierung Bonapartes den Preußenkönig Friedrich II. ein.

II.2. Die Kontrastfigur

Reichardt führt Friedrich als genaues Gegenbild zum Herrscher ein. Ein schöner und ausdrucksvoller Kopf „den die Natur wohl je hervorgebracht hat." (VBP, S. 111) Seine Augen blitzen und die Lippen drücken

> „[...] ein sonderbares, aber höchst angenehmes Gemisch von zarter Empfindung und feiner Sinnlichkeit, von wahrer Bonhommie und von feinem Spotte aus; [...] Das ganze Gesicht, die ganze Gestalt war immer voll Blut und Leben." (VBP, S. 112)

Er benutzt dieselben körperlichen Merkmale und wertet diese bei Friedrich positiv. Es fällt auf, dass er dem Preußenkönig mehr sympathische Eigenschaften zuspricht und ihn als lebendigen, kräftigen Menschen schildert. Das Erscheinungsbild Napoleons setzt er in Zweifel.

Ebenso verhält es sich mit dem guten Geschmack von Friedrich bezüglich sinnlicher Genüsse in den Künsten und der Literatur. Nach Reichardt weiß Friedrich als idealer Herrscher seine Zeit einzuteilen, die er für Staatsangelegenheiten braucht und die Zeit, in der er seine persönlichen Interessen verfolgt. Im Vergleich zu Napoleon fügt der Autor Friedrich auch weitere menschliche und vornehme Züge zu:

> „Existierte je ein vollkommener Repräsentant der ganzen menschlichen Natur mit all ihrem Vermögen und ihren Schwächen, so war es Friedrich; hat je ein Mensch das Leben mit all seinen Widerwärtigkeiten und Freuden genossen, so war es gewiß Friedrich. [...] In seiner Jugend vereinigten sich alle Umstände zur vollkommensten Ausbildung seiner feinen Empfänglichkeit und natürlichen Klugheit, zu welcher der glücklich geborene Bürger meistens nur durch den Widerstand in der ihn umgebenden bürgerlichen Gesellschaft und die stets waltende Liebe weiblicher Pflege und Teilnahme gelangt." (VBP, S. 112f.)

Reichardt reduziert Napoleon auf einen rein führerischen Willen, Egoismus und einen Mangel an Bildung. Der französische Konsul hat keinen Sinn für Künste. Seine Interessen sind machtpolitischer Natur. Um 1800 beginnt die nationale Propaganda, indem nationale Eigenschaften positiv gewertet werden und Fremdes negativ.[16] Dies sind alles Eigenschaften, die Reichardt hier in der Darstellung Friedrichs denunziert. Dieser ist die rechtschaffene Persönlichkeit, mit einer menschlichen Natur. Der König wurde unter der Obhut der mütterlichen Fürsorge zur idealen Herrschergestalt, kennt Höhen und Tiefen, die Napoleon keineswegs mit ihm teilen kann. Bonaparte fehlt die „feine Empfänglichkeit" und Klugheit, die Reichardt lobt. Napoleon zeichnet sich diesbezüglich durch seine Beschränktheit auf das Staatsgeschäft und seinen allgemein groben Sinn aus, wie ihn kein Herrscher zeigen sollte. In Friedrich aber vereinen sich die zwei wichtigen Eigenschaften, die für einen Herrscher nach Reichardt unabdingbar sind: „[…] ein weiser König und ein glücklicher Mensch, ein tapferer Held und zarter Freund des Schönen und Angenehmen […]". (VBP, S. 113) Dazu ist das Volk von Friedrich „angeerbt". (VBP, S. 113) Napoleon hingegen hat sich die Menschen nur gefügig gemacht. Der Autor stellt die Legitimität in Frage, mit der Napoleon an die Macht gesetzt wurde und regiert. Er kann sich nicht auf ein rechtmäßiges Erbe berufen; zudem ist er ein Fremder, ein Emporkömmling, der die Gunst der Stunde genutzt hat. Reichardt versucht einige Hinweise auf die Unterschiede der beiden Völker, der Deutschen und der Franzosen anzuführen und vorsichtig Stellung zu beziehen. Der Autor erinnert daran, dass Friedrich einen Großteil seines Lebens mit Franzosen verbracht hat und perfekt französisch sprechen würde, dennoch könne er keine französischen Eigenschaften übernehmen. Reichardt weist auf den bedeutsamsten Unterschied hin – das öffentliche Urteil. „Friedrich machte sich aus dem Urteil der Menge nichts." (VBP, S. 114) Nach dem Autor herrscht unter der Führung Napoleons hingegen eine scharfe Kontrolle und Zensur. Seine Führung ist keineswegs mit dem preußisch-aufgeklärten System zu vergleichen. Sowohl Friedrich als Napoleon unterliegen dem „eisernen Willen", der sich jedoch unterschiedlich bei Beiden manifestiert. Reichardt stellt durch die Parallelisierung der beiden Herrscher mit ihren gegensätzlichen Eigenschaften zwei Herrschaftstypen dar, von denen nach ihm nur einer als Vorbild geltend gemacht werden kann. Napoleon als kalter und sachbezogener Herrscher, der aufgrund der Unvollkommenheit nicht langfristig in

---

[16] Ruth Florack: Tiefsinnige Deutsche, frivole Franzosen: nationale Stereotype in deutscher und französischer Literatur. Stuttgart; Weimar 2001, S. 703.

der Lage bleiben wird, ein Volk vernünftig zu leiten. Dies führt zu der Frage, wie Napoleon sich innerhalb des Volkes in Szene setzt.

II.3. Die Selbstinszenierung

Beim Hofzeremoniell geht es in erster Linie darum „[…] nur solche Menschen zu präsentieren, die auch bei ihren Höfen präsentabel sind oder sich durch besondere Talente auszeichnen." (VBP, S. 96) Es wird, wie beim Herrscher selbst, viel Wert auf Künstlichkeit gelegt. Napoleon baut großes Gedränge um seine Person auf, indem er hunderte von Gesandten auf sich warten lässt. Diese müssen einen weiten Weg über eine ganze Menge von Konsuln und Ministern gehen, um Zutritt beim Staatsmann zu erlangen.

Bei der Parade versteht es Napoleon, sich richtig in Position zu setzen, um seine Wichtigkeit zu beweisen. „Wohl an sechstausend Mann der schönsten Truppen aller Art marschierten nach und nach auf dem großen, herrlichen Platz vor den Tuilerien auf." (VBP, S. 98) Die Infanterie befindet sich, geschützt von einem eisernen Gitter, innerhalb des Vorhofs und die Kavallerie außerhalb. Der Kavallerieplatz ist unter Napoleon vergrößert und von Gebäuden befreit worden, die dem Herrscher fehl am Platz erschienen, vermutlich um den Platz noch größer und regelmäßiger wirken zu lassen. Bronzeverzierte korinthische Pferde, aus Venedig stammend, schmücken den Platz und gehören als Triumphgespann zusammen. Dies symbolisiert den politischen Triumph Napoleons und soll seine Größe zeigen. Unterstrichen wird dieses von, im Eingang stehenden prachtvollen Hähnen, die sich zu Adlern aufblasen und oft zum Spott dienen, wie es Reichardt vermerkt. Hier findet sich ein erster Hinweis zur Annäherung Bonapartes an das Römische Reich, das ebenfalls den Adler als Symbol für Stärke benutzt. Er versucht eine „[…] Aura der Unbesiegbarkeit [...]"[17] entstehen zu lassen. So dienen die prächtigen Figuren, Ausstattung und Paraden der Propaganda der Stärke.[18] Reichardt ist klar, dass sich Napoleon in absehbarer Zeit zum Bild eines römischen Imperators hochspielen möchte.[19] Nachdem die Truppen sich vollständig versammelt haben, erscheint Napoleon auf seinem weißen Schimmel mit unzähligem Gefolge

---

[17] Eckart Kleßmann, Napoleon, S. 37.
[18] Vgl. Eckart Kleßmann, Napoleon, S. 37.
[19] Vgl. (Anm. 4), S. 11.

„[...] und sein geliebter Mamluck dicht vor ihm." (VBP, S. 99) Dass er ausgerechnet von einem Mamlucken begleitet wird, zeigt seine Stellung zur Religion. Im Ausland erzeugt das heidnische Auftreten unter anderem das Bild der „gottlose[n] Franzosen"[20], deren Anführer Napoleon ist.[21] Mit der Religion kann er genauso wenig etwas anfangen wie mit den übrigen kulturellen Praktiken.

Der Konsul sitzt leicht und anständig zu Pferde, dies hat eine verfälschende Wirkung, denn so erscheint er größer „[...] als er wirklich ist." (VBP, S. 99) „Denn so sieht man nur sein schönes Profil, das viel von der Antike hat und welches durch seinen stillen Ernst, den er so herumreitend behauptet, veredelt wird" (VBP, S. 99) Er versucht, sich als Herrscher auf antike Vorfahren zu berufen, und bekräftigt wird dies in den angefertigten Büsten Napoleons. Keines dieser Abbilder entspricht der Realität, hinter der sich laut Reichardt ein kleiner, schwächlicher aber strenger Mann versteckt. Sobald er in die Nähe der Korps kommt, erklingt die Musik, um seine Person noch prächtiger zu feiern. Trotz aller Versuche, ein perfektes Auftreten der gesamten Mannschaft unter Napoleon in der Öffentlichkeit ans Tageslicht zu bringen, entsteht ein großer, zum Teil lächerlicher Kontrast zwischen den prächtig bewaffneten Männern und den viel zu kleinen Pferden. Es gelingt nicht den evozierten Schein auf das Gesamtbild zu übertragen, und so dringen Elemente durch, die nicht perfekt sind: „[...] es waren lauter Rappen [...]", (VBP, S. 101) nicht zu vergleichen mit denen der preußisch-österreichischen Kavallerie. Napoleon ist sich der Aufmerksamkeit der Menschen bewusst und reitet zudem an Fenstern vorbei, wo er Geschenke von Frauenzimmern bekommt. Er lässt sich also reichlich feiern. Napoleon hat sich ermächtigt, Ehrensäbel an Mitglieder der Kavallerie zu erteilen, mit denen er anschließend speist. Auch den Kameraden, die ihn nach Ägypten begleitet haben, erweist er eine ehrenvolle Behandlung. Er inszeniert sich öffentlich als guter Herrscher, der sich sogar mit seinen Untergebenen an einen Tisch setzt, um zusammen zu speisen. Er weiß genau, wie er sich dem Volk gegenüber zu „vermarkten" hat. „Bis kurz vor dem Anfang der Parade regnete es; da ward es aber mit einem

---

[20] Ute Planert: Der Stellenwert der Religion in den Kriegen der Französischen Revolution und Napoleons. In: Franz Brendle/Anton Schindling (Hrsg.): Religionskriege im Alten Reich und in Alteuropa. Münster 2006, S. 422.
[21] Ebd., S. 422.

Male hell. Bonaparte soll dieses Glück bei seinen militärischen Prachtver-anstaltungen oft haben." (VBP, S. 102) Reichardt nennt hier das Mittel, mit dem er nach seiner Auffassung zum Oberhaupt wurde: das Glück. Die für Bonaparte vorteilhaften Wendungen liegen nicht nur seinen pompösen Auftritten zugrunde, sondern seinem gesamten Handeln. Es liegt daher auf der Hand, dass Napoleons Karriere nicht auf ein intelligentes Vorge-hen zurückzuführen ist, sondern einfach auf glückliche Fügungen. Diese grenzen beinahe an eine übernatürliche Fähigkeit.[22]

Der „eigentliche[n] Audienzsaal[e]" (VBP, S. 104) ist prächtig ausgestattet und mit Fahnen der Garde geschmückt. In diesem Saal, der dazu dient, die militärische Stärke zu zeigen, beginnt Napoleon seine Begrüßungstour der fremden Gesandten. Er versteht es mit schnell aufgesetzter Miene den Menschen entgegenzutreten. Eine weitere Gelegenheit, sich zu profilieren, findet bei der Volksvertretung statt. Diese wird in dem ehemaligen Palast Bourbon abgehalten. Hier befinden sich „prächtige Sitzungssaale". (VBP, S. 239) Die Sitze der Legislatoren laufen amphitheatralisch zusammen. Für angesehene Zuschauer gibt es grüne mit Saffian beschlagene Stühle. Über der Tribüne befinden sich

> „[…] marmorisierte[n] Säule[n] […] Die Wände sind durchaus von marmonisiertem Gips grün und gelb, giallo und verde antico vorstel-lend, mit Bronzeverzierungen darüber, welche die ebne Marmorwand in regelmäßige Quader abteilen […]" (VBP, S. 239f.)

Reichardt ist klar, dass sich Napoleon selbst zum Vorbild eines römischen Imperators zu stilisieren versucht.[23] Napoleon möchte sich wieder durch die wertvolle Ausstattung an der Tradition antiker Herrscher messen. Deshalb liegt es nahe, dass Napoleon mehrmals im Jahr nach englischen Pferden und Jagdhunden schickt, um diese in seinen „[…] Prachtstall zu rekrutieren." (VBP, S. 160) Auch wenn er kein Interesse für das Reiten und Jagen aufbringen kann, gelingt es ihm, sich noch vornehmer nach außen zu profilieren.

In einem weiteren Schritt wird auf die Gesellschaft einzugehen sein, um zu analysieren, wie sich Napoleons stark inszenierte Alleinherrschaft hier auswirkt.

---

[22] Vgl. Eckart Kleßmann, Napoleon, S. 7.
[23] Vgl. (Anm. 4), S. 11.

II.4. Zur sozialen Ebene

Reichardt bemerkt, dass Paris nicht von anhaltendem Interesse für Fremde sein wird. In der Stadt ist die „[…] verkehrte[n] Zeit der Revolution eine tolle Mischung des Höchsten und Niedrigsten, des Guten und des Schlechten […]" (VBP, S. 187) anzutreffen. Es ist eine künstlich geschaffene Gleichheit unter Bonaparte aufgebaut worden,, die zur „[…] ekelhaftesten Schwelgerei der Blutsauger hinabsank, die eigentliche gute Gesellschaft gar nicht existiert." (VBP, S. 188) Die Zeit verlangt mit Napoleon wieder nach Einführung der Stände, da

> „[…] das Vermögen des Staats und des Volks in der über allen Begriff
> hinaus angestrengten und gewaltsam getriebnen Kriegszeit in die
> Hände roher Menschen ohne Erziehung und ohne Kenntnisse ge-
> kommen. [ist]" (VBP, S. 188)

Der Autor stellt Napoleon und seine Bediensteten nicht nur in die Reihe ungebildeter Leute, sondern stellt diese als Kriegssüchtige dar, die durch das Vorspielen von Gleichheitsidealen das Volk für eigene Zwecke instrumentalisieren.

Beachtliche Summen werden ins Ausland verschwendet. Anstatt die nationale Wirtschaft und Kunst zu fördern, eifern viele Menschen ihren Bedürfnissen nach, Kunstwerke aus Italien und Indien zu importieren. „[…] alles will jetzt echte Antiken, die seltensten geschnittenen Steine um Kopf und Arm und Busen tragen." (VBP, S. 160) Wie diese Güter hergestellt werden, interessiert die Käufer nicht. Sie möchten ihr Oberhaupt imitieren, um sich eine vornehme Position in der Gesellschaft zu sichern. „[…] reiche junge Leute zeigen einem mit Ostentation ihren Stall voll englischer Pferde und Hunde." (VBP, S. 160) Es geht um reine Nachahmung, so wie Napoleon die Griechen und Römer imitiert, um seinen Platz als Herrscher zu legitimieren. Das Volk ist besessen von den antiken Schätzen. Viele sind bereit, den echten Wert für armselige Kopien zu zahlen. Es geht nicht um den wirklichen Wert des Objektes, sondern einzig um Profilierungslust. Geschmückte Frauen vergleicht Reichardt mit „römischen Prinzessinnen". Das Volk ist genauso einfältig und auf Materialität bedacht, wie ihr Herrscher. Reichardt übt Kritik an der französischen Repräsentationskultur, bei der sich seine Abneigung nicht direkt gegen den Luxus richtet, sondern gegen Napoleon als Urheber dieses Missstands.[24] Der Autor gibt durch diese Berichte ein Abbild „[…] moralische[r] Verderbnis der Aristokratie.“[25] Unter Napoleon gibt es keine Vorbilder mehr für das einfache Volk. Deshalb kann es keine garantierte Ordnung in der Gesellschaft geben.[26] Die wirkliche Kunst, wie sie vormals bestand, ist verkommen. Reichardt verweist wieder kontrastiv auf Friedrich II.. Denn um an den schönen Künsten wirklich Anteil und Freude zu haben, muss man eine höhere Bildung erlangt und eine glückliche Jugend verbracht haben. Die französische Gesellschaft steuert unter Napoleon auf ein wirkliches Bildungsproblem zu. So wie das staatliche Oberhaupt von geringer Bildung ist, überträgt er ein neues Bildungssystem auf den ganzen Staat. In der Jugend sieht er keine eigenständigen Individuen, die das Recht auf eine fundierte Bildung haben. In den „Lyzeen“ (VBP, S. 256) wird nicht mehr gelernt. „[…] als für einen geschickten Soldaten gehört.“ (VBP, S. 256) Für Bonaparte stellen die jungen, gesunden Menschen vor allem das Potential neuer Soldaten dar. Er sieht sich als Soldatenkaiser, für den der Nachwuchs von Jugend auf, ins militärische Wesen eingeführt werden soll. Das Erlernen von Sprachen und sonstigen Geisteswissenschaften wird den Taubstummen[27] überlassen, ein weiteres Plädoyer für Napoleons primitiven alleinherrschenden Führungswillen. Er widersetzt sich allen Errungenschaften der Aufklärer, die wirkliche Gleichheit unter dem Volk schaffen wollen. Da er sich in der Tradition antiker Herrscher sieht, sind seine Diktate passend. Reichardt geht davon aus, dass in ferner Zukunft sich Taubstumme um die internationalen Angelegenheiten kümmern müssen:

> „Das wird eine Konversation geben! […] Sie allein [Die Taubstummen] werden also für die Zukunft durch öffentlichen Unterricht in den Stand gesetzt, sich mit den taciturnen Engländern unterhalten zu können.“ (VBP, S. 257)

Nach Reichardt stellt der Hof, der einstmals die Gesellschaft beschäftigt, keinen ´Unterhaltungswert´ mehr da. Spricht ein Fremder zum Beispiel über den Pariser Hof, so muss dieser mit einer kurzen und belanglosen

---

[24] Vgl. Ruth Florack, Tiefsinnige Deutsche, S. 704.
[25] Wulf Wülfing, Napoleon-Mythos, S. 171.
[26] Ebd., S. 171.
[27] Reichardt berichtet an dieser Stelle tatsächlich über eine Taubstummenanstalt. Siehe (Anm. 4) S. 253.

Antwort der Bewohner rechnen. Unter der Herrschaft des Konsuls ist der Hof zum Tabuthema geworden. Allgemein besteht Vorsicht im Umgang mit der Meinungsfreiheit. Meistens wird man von Franzosen mit einem „[…] c`est ça, c`est égal […]" (VBP, S. 191) verabschiedet. Das Konsulat unter Napoleon wirkt unterdrückend und die eigentlichen Werte der Revolution ausmerzend.

Es sind unsichere Zeiten, die nicht dauerhaft etabliert werden können, denn die „wilde Sturmglocke" (VBP, S. 196) erschallt noch nach zwölf Jahren. Der jetzige Zustand erscheint Reichardt als

> „[…] Betäubung, in der es jetzt so hinbrütet, unbekümmert, welcher Sturm nach der verräterischen Windstille die Erwachenden wieder in das unsichere Meer hinausschleudern kann, ist ängstlich und traurig anzusehen." (VBP, S. 196)

Unter seiner Obhut ist die Festigung des sozialen Systems garantiert und das Volk vor den Wirren des Sturmes geschützt.[28] Alle Versuche, sein Konsulat nach außen hin als unübertrefflich und stabil zu präsentieren, schlagen vor allem bei fremden Besuchern fehl. Der Schein, der durch Bonaparte und die höhere Gesellschaft entsteht, kann nach einer derartigen Revolution, wie sie vor zwölf Jahren stattgefunden hat, nicht bestehen bleiben.

In dieser Pervertierung des Staatswesens, wie sie Napoleon vorantreibt, werden auch die Bestrebungen um die kulturellen Werte verfehlt. Im nächsten Schritt soll auf die kulturelle Ebene der Gesellschaft unter dem Einwirken Napoleons eingegangen werden, um zu sehen, wie sich diese verändert hat.

II.5. Zur kulturellen Ebene

Wie schon mehrmals erwähnt, verändert sich das Theater während der Herrschaft Napoleons. Reichardt berichtet von einem Theaterstück Molières. Enttäuscht über die Schauspieler erklärt sich der Autor folgendermaßen:

> „O wie schwach! […] Das erste Stück ward besonders schwach gespielt, viel schwächer, als ich es vor zehn Jahren sah, da noch Molé allein ein solches Charakterstück beseelen konnte." (VBP, S. 56)

---

[28] Vgl. (Anm. 4), S.8.

Die Ausdruckskraft der Darsteller hat sich verändert. Von der ehemaligen Stärke der Theaterwelt ist nicht viel übrig. Die Besucher haben an Anspruch verloren; man verlangt keine Leistung mehr in den Künsten. Reichardt bedauert diese Entwicklung zutiefst. Er fragt sich „Ob die griechischen Künstler der schönen Kunstepoche ein solches Publikum wohl vor sich hatten?" (VBP, S. 58) Es ist „[…] die Sünde des Publikums, das jedesmal nach einer solchen Tirade ungestüm applaudiert; […]" (VBP, S. 58) Die Unterhaltungslust der Gesellschaft wird von Reichardt hier auf das niedrigste Niveau gesetzt. Gemäß ihrem Herrscher, haben die Menschen keinen Sinn für diese Kunst und die vormals herrliche Kunstepoche, wie zum Beispiel unter den Griechen, droht verloren zu gehen. Es könnte allerdings auch an dem so wichtig gewordenen Schein liegen, den Menschen bei Auftritten vor allem zu gefallen. Vorangegangen sind Auftritte ihres Herrschers, der unter allen Umständen versucht, Imitation vor Natürlichkeit zu setzen.

> „Vielleicht hat auch das Bewußtsein einer gewissen Beschränktheit in
> der Naturanlage der Physiognomie und Stimme dieses braven Künst-
> lers ihren Teil an seinem ängstlichen Bestreben, dem Publikum im-
> mer zu gefallen." (VBP, S. 58)

Bei diesen öffentlichen Veranstaltungen, so erzählt Reichardt, ist die ordnungsstiftende Polizei nicht weit. Bevor eine Revolte unter den Zuschauern ausbrechen kann, dringen die Polizisten als Aufpasser hervor und „[…] bezeichneten mit ihren bis dahin verborgen gehaltenen weißen Stäben die Hauptunruhestifter […]". (VBP, S. 221) Polizeibeamte rufen von einer erhöhten Position:

> „´J´invite les citoyens à se retirer, afin qu´on ne les confonde pas
> avec les séditieux.´ […] Kaum war die nachdrückliche Rede ausge-
> sprochen, als auch alles nach allen Ausgängen hin sich drängte und
> nicht schnell genug hinauskommen konnte." (VBP, S. 222)

Dies zeugt von der polizeilichen Beschattung im gesamten Staate. Es erinnert an einen Polizeistaat, in dem die Menschen ständig Acht geben müssen. Aus Furcht, mit verantwortlich gemacht zu werden, zieht man es vor, zu flüchten. Napoleons Drang nach totaler Kontrolle geht über die Rechte des einzelnen Bürgers hinweg. Seine diktatorischen Züge sind nicht zu übersehen.

Falls Napoleon doch eine Oper oder eine sonstige kulturelle Veranstaltung besucht, macht er das im eigenen Interesse, um zu prüfen, ob diese seine „[...] Erwartungen und Absicht[en] erfülle." (VBP, S. 192) Verläuft etwas nicht nach seiner Vorstellung, macht er seinem Ärger Luft. Zum Beispiel macht er einem Schauspieler gegenüber „[...] laut eine Menge Anmerkungen über verfehlte Prosodie." (VBP, S. 192) Er besitzt selbst keine Bildung und ist zudem kein Franzose, fühlt sich jedoch berechtigt, Bemerkungen zur korrekten Artikulation zu geben. Die Kontrolle der Künste unter ihm geht ins Absolute über: „[...] und so werden es die Maler malen und Holzschneider es in ihren populären Versionen auf den Märkten tausendfach verkaufen."[29]

Die schönen Künste sind unter dem Aufkommen der neuen Vermögenden vernichtet worden. Sie dienen nur noch als Unterhaltung in der wachsenden kapitalistischen französischen Gesellschaft.[30] Ihre „groben Sinne" (VBP, S. 196) werden beim Glücksspiele befriedigt und sind „[...] dem zerstörendem Ehrgeiz ergeben [...] der auf Zerstörung aller Aufklärung und feinern Bildung feindselig wirk[t][en]" (VBP, S. 196) Gemeint ist der Ehrgeiz ihres Oberhauptes. Die Klasse der Bourgeoisie ergibt sich der Diktion der „Militärdiktatur" vollkommen, auf Kosten der erkämpften freiheitlichen Werte, damit ihre materiellen Interessen bestehen bleiben.[31] Reichardt komplementiert seine Meinung, dass unter der „Schreckensherrschaft" Napoleons die idealen Werte von Freiheit und Bildung verloren gehen. Edle Menschen fallen der groben, materialistischen Gesinnung des neuen napoleonischen Paris zum Opfer. Diesen „kränkenden Betrachtungen" (VBP, S. 196) kann man sich nicht entziehen.

Die Missentwicklung im Bereich der Kultur wird durch das Propagieren moralisch-politischer Ziele noch weiter abgewertet. So werden Akademiker unter der Kontrolle des ersten Konsuls dazu instrumentalisiert, republikanische Vorstellungen auszumerzen. Alle Entwürfe der noch erhaltenen Akademien müssen dem Konsul zur Gutachtung vorgelegt werden.

Dem rauen Gemüt Napoleons entsprechend dient ihm auch die Religion nur zu propagandistischen Zwecken. „Bonaparte, jederzeit begierig, die

---

[29] Eckart Kleßmann, Napoleon, S. 12.
[30] Vgl. (Anm. 4), S. 9.
[31] Ebd., S. 8.

Einigkeit [...] dem Volke wieder zu vermitteln [...] in so schwierigen, unruhigen Zeiten, [...]". (VBP, S. 198) Er manipuliert das Volk, durch die Religion wieder eine Gemeinschaft und einig zu werden. Wie bedacht und hinterlistig sein Vorhaben ist, zeigt seine Mühe „[...] dem Volk durch ordentliche Anhörung seiner sonntäglichen Messe mit gutem Beispiele vorzugehen [...]". (VBP, S. 201) Seine Vorstellung der Instrumentalisierung der Religion steigert sich, indem er für seine eigene Person „[...] religiöse Formen ein[führt], wie sie nur das echt katholische Mittelalter kannte." (VBP, S. 202) Die katholische Religion wird langsam durch die „´religion de la patrie´"[32] ersetzt, die den Kult des höchsten Wesens verkörpert. Durch eigene Riten und Zeremonieren, wie sie Napoleon verlangt, wird eine „Dechristianisierung"[33] des Volks vorangetrieben.[34] Es wagt keiner dem Alleinherrscher zu sagen, dass er mit diesem Akt etwas „Unzeitiges" (VBP, S. 202) macht. Ohne Störung kann er die Kirche somit zu politischen Selbstzwecken in seinen Dienst und zu einer Plattform seiner Herrschaft machen.[35] Er stilisiert sich nicht nur nach der Tradition antiker Herrscher, sondern jetzt auch mit den Heiligendarstellungen aus dem Heiligen Reich Römischer Nation, wie die Ikonographie es lehrt. Spätestens hier sei sein Vorhaben des despotischen Schreckensherrschers unterstrichen. „Napoleon ist den Weg von der kontrollierten Gewalt zur unkontrollierten Macht zielstrebig gegangen."[36] Der Konsul, der laut vieler Aussagen keine Spur von Religiosität in sich trägt, hält diese „[...] für einen notwendigen Zaum zu leichterer und sicherer Leitung des Volks [...]". (VBP, S. 203) und führt

> „[...] die Gleichheit unter den Menschen ein, indem sie die freiwilligen Entbehrungen der einen mit den gezwungenen der andern ins Gleichgewicht bringt, während die Philosophie, die immer nichts als Gleichheit spricht, den Reichen jeden Genuß erlaubt und den Armen nur zum Leiden anweisen kann." (VBP, S. 204)

Napoleons Vorstellung von Herrschaft lässt sich gut mit der Lehre der Religion vereinen. Ein guter Christ ist der, der seine Lebenssituation, so desaströs sie auch sein mag, demutsvoll hinnimmt und sich nicht gegen

---

[32] Ute Planert, Religion, S. 421.
[33] Ebd., S. 421.
[34] Ebd., S. 421.
[35] Vgl. (Anm. 4), S. 11.
[36] Eckart Kleßmann, Napoleon-Mythos, S. 29.

den sozial höher gestellten Stand auflehnt. Bonaparte entpuppt sich als feudaler Herrscher, der die überkommene Ordnung, wie sie vor der Revolution bestanden hat, wieder herstellt. Ganz nach dem Motto: „´Dem Kaiser dienen, heißt Gott selber dienen.´"[37]

Im nächsten Schritt soll analysiert werden, wie Napoleon bei Chateaubriand dargestellt wird. Zudem soll untersucht werden, welche Unterschiede und Parallelen zu finden sind.

---

[37] Ebd., S. 32.

III. F. A. de Chateaubriand: *De Buonaparte, Des Bourbons*

Wie der Autor im Vorwort bemerkt, ist seine Schrift von 1814 nicht mehr an die aktuellen Umstände der politischen Lage gebunden. „Plusieurs passages de cet écrit ne seront donc plus applicables à l´état politique du moment [...]"[38]. Napoleon befindet sich in der Verbannung auf Elba als Chateaubriand sich diesem Text widmet. Er versucht in einer Erklärung die Gründe des Emporkommens Napoleons mit seiner Politik und den Auswirkungen auf die Gesellschaft unter der Herrschaft darzustellen.[39]

III.1. Zu den Eigenschaften

> „C´est ainsi que l´on peut toujours distinguer le tyran du libérateur, le ravageur des peuples du grand capitaine, l´homme envoyé pour dé-truire et l´homme venu pour réparer." (BB, S. 26)

Mit der Gegenüberstellung von sich gleichzeitig ausschließenden Eigen-schaften, verweist Chateaubriand eindeutig Napoleon die negativen Ei-genschaften zu. Bonaparte ist nicht der Retter Frankreichs geworden, für den er sich einst vorgegeben hat. Man kann ihn nicht mehr ernst nehmen und seine Vorstellungen der Politik sind kindlich-labil. Seine Ansprüche unterliegen der Phantasie „[...] d´un fou ou d´un enfant, [...]". (BB, S. 17); ein Kind, das glaubt, seine Träume verwirklichen zu müssen und dessen Zielsetzung es ist: „[...] de conquérir le monde.". (BB, S. 18) Er erweist sich mit diesen Eigenschaften als realitätsferner „aventurier" (BB, S. 4), der nach eigenen Bedürfnissen handelt, ohne Rücksicht auf Andere. Dieser Unruhestifter verfügt einzig über ein paar „talens militaires" (BB, S. 4) mit denen er allerdings kein Recht hat, den französischen Thron zu besteigen. Hierzu fehlen Buonaparte viele Qualitäten, vor allem die „[...] âme royale [...]" (BB, S. 4) Der Autor stellt dem rechtmäßigen Bourbonen-herrscher Napoleon gegenüber, um im Kontrast dazu Napoleon auf einen bürgerlichen Status zu reduzieren. Da ihm die königliche Seele nicht zueigen ist, ist er unwürdig, als Oberhaupt der französischen Nation, die Führung zu ergreifen. Die Macht hat er ohne legalen Vorgang an sich gerissen und ist somit ein „[...] usurpateur [qui] ne peut légitimer ses

---

[38] Vgl. (Anm 5), PREFACE.

[39] Vorweg soll bemerkt werden, dass ich mich aus der Forschungsliteratur auf allgemeine Ten-denzen stützen muss, da ich keine Analyse dieses Pamphlets in der gesamten Sekundärliteratur finden konnte.

prétentions au trône [...]". (BB, S. 4) Auch fehlen Napoleon menschliche Züge. „La nature le forma sans entrailles." (BB, S. 26) Solche Anschuldigungen, die die Grausamkeit steigern, gehören zum bekannten Inventar der Deformierung Napoleons.[40] Eine monstruöse Spezies, die je nach Situation sich verschiedene Masken überziehen kann um ihre Größe zu unterstreichen[41]. Er ist dumm und Ideen „[...] même celles du bien, peuvent y entrer [...]" (BB, S. 26), aber nur von kurzer Dauer. Napoleon besitzt kein Denkvermögen. Er zeichnet sich nicht durch sein geistiges Potential aus, sondern „[...] par ce qu´il exécute." (BB, S. 18) Bonaparte ist ein ´Macher´ „[...] poussé[s] par Dieu qu´il[s] méconnoissent." (BB, S. 26) Der ordnungsstörende erste Konsul verdankt nach Chateaubriand anfangs seinen Erfolg allein Gott, der ihn begünstigt. Daneben tritt die egoistische Zielstrebigkeit zu Tage. Er persönlich kennt keinen Gott und denkt, er selbst sei unübertrefflich. Bonaparte weist viele primitive Charaktereigenschaften auf:

> „Le trait distinctif de son caractère est une obstination invincible, une volonté de fer, mais seulement pour l´injustice, l´oppression, les systèmes extravagands; car il abandonne facilement les projets qui pourroient être favorable à la morale, à l´ordre et à la vertu." (BB, S. 27)

Mit diesen Eigenschaften ist Napoleon kein gefeierter Held, vielmehr ist er ein Befürworter überkommener Werte. Mit seinen Ansichten sympathisiert er mit der „[...] barbarie du moyen-âge, ces scènes que l´on ne retrouve plus que dans les romans [...]" (BB, S. 5) Chateaubriand setzt ihn auf dieselbe Ebene wie „Machiavel" (BB, S. 5) und wie blutige Eroberer, wie Attila, der „légende noire"[42].[43] Bonaparte ist unberechenbar und folgt seiner reichen Imagination ohne rationale Überlegungen. „Ses desseins ne sont point le fruit de quelque chose de profond et de réfléchi, mais l´effet d´un mouvement subit et d´une résolution soudaine." (BB, S. 27) Seine Absichten sind nicht die eines fähigen Führers, denn er folgt Einbildungen, wie sie Kindern in den Sinn kommen könnten und möchte diese ohne Anlaufzeit wie in einem Spiel durchsetzen.

---

[40] Vgl. Maurice Descotes: La légende de NAPOLÉON et les écrivains français du XIXe siècle. Paris 1967, S. 78.
[41] Jean Tulard: Le mythe de Napoleon. Paris 1971, S. 45.
[42] Ebd., S. 45.
[43] Ebd., S. 45.

„[…] il est impatient, incapable d´attendre longtemps un résultat, […] il ne sait qu´aller en avant, faire des pointes, courir, remporter des victoires, comme on l´a dit, à coup d'hommes, sacrifier tout pour un succès […]" (BB, S. 20)

Er folgt stets dem direkten Weg, ohne davon abzukommen und dies muss schnell gehen, denn Geduld ist nicht die Eigenschaft eines Kindes. Auch handelt er wie ein „comédien" (BB, S. 27), der seinen Gelüsten nachkommt: „[…] il est toujours sur un théâtre […]" (BB, S. 27) Dabei versucht er, dem Publikum möglichst originell zu erscheinen, obwohl „[…] il n´est presque jamais qu´imitateur." (BB, S. 27) Es fehlt ihm bei seinem Spiel an Ausdruckskraft. Unter dem Schein, den er schaffen möchte, dringen viele seiner Mängel durch: „[…] intempérence de langage; goût de la basse littérature, passion d´écrire dans les journaux." (BB, S. 27) Wie er sich auch nach außen zu stilisieren vermag, seine Herkunft aus kleinbürgerlichem Hause verfolgt ihn. „Sous le masque de César et d´Alexandre on aperçoit l´homme de peu, et l´enfant de petite famille." (BB, S. 27) Es bleiben traurige Versuche der Selbstinszenierung, um die Anerkennung des Volks zu gewinnen und ein Versuch, sich selbst seinen Platz als strenger und rücksichtsloser Herrscher in der Tradition Cäsars zu legitimieren, ebenbürtig zu diesem. Die Maskierungen seiner eigenen Identität beweisen seine Unzufriedenheit und das ständige Streben nach Erfolg. Die Mitmenschen interessieren ihn nicht. Er erträgt es nicht, sein Volk glücklich zu sehen:

„Il a horreur du bonheur des hommes; il disoit un jour: „Il y a encore quelques personnes heureuses […] ce sont des familles qui ne me connoissent pas, qui vivent à la campagne […]"" (BB, S. 28)

Diesem „homme de malheur" (BB, S. 29) ist es wichtig als Unterdrücker der Bevölkerung gefürchtet zu werden.

Dem Alleinherrscher erscheint alles verächtlich: „[…] au mépris de toutes les lois humaines et divines […]". (BB, S. 19) Er allein verkörpert das Gesetz: kein Gott und kein anderer. Seine Unternehmungen sind „[…] dignes de Borgia, par une politique toujours criminelle […]". (BB, S. 19) Nicht nur die Politik ist kriminell, sondern Napoleon ist das Spiegelbild der Kriminalität. Durch sein Verhalten zeigt Napoleon, dass er nicht fähig ist, ein souveränes Oberhaupt seines Volkes zu sein. Hier schließt sich auch die

Frage der Nationalität im Rahmen der Herrschaftslegitimation an. „On se demanda de quel droit un Corse venoit de verser le plus beau comme le plus pure sang de la France. Croyoit-il pouvoir remplacer par sa famille demi-africaine la famille française". (BB, S. 6) Napoleon ist ein Fremder, der als Korse mit unreinem Blut in die königliche Ahnenreihe Frankreichs eindringt und sie zerstört. Bonaparte besitzt schlichtweg keine Merkmale, die auf eine französische Herkunft schließen lassen:

> „Buonaparte n´a rien de français, ni dans les moeurs, ni dans le ca-
> ractère. Les traits même de son visage montrent son origine. La
> langue qu´il apprit dans sons berceau n´étoit pas la nôtre, et son ac-
> cent comme son nom révèlent sa patrie." (BB, S. 37)

Er unterscheidet sich nicht nur durch sein Aussehen von einem Franzo-sen, sondern auch durch die Sprache.

Chateaubriand möchte sich und seine Nation gegenüber „Anderen"[44] zu nationalistischen Zwecken abgrenzen. Bonaparte kann als Außenstehen-der unmöglich integriert werden. Es gilt das Entweder-oder- Prinzip, bei dem der Alleinherrscher keine Gemeinsamkeit mit dem französischen Volk aufweist.[45] Deshalb muss Napoleon der Bevölkerung mit Schrecken ent-gegentreten, um seine Überlegenheit und Stärke zu demonstrieren: „Il ne reste à celui qui s´est abaissé au-dessous de l´espèce humaine par un crime qu´à affecter de se placer au-dessus de l´humanité par ses des-seins [...]". (BB, S. 6) Durch seine menschenverachtenden Taten hat er sich unter die humane Ebene begeben, während er versucht, durch sein stählernes Durchsetzungsvermögen sich über die Menschheit zu erheben. Sein Erfolg lässt sich nicht bestreiten; dieser ist jedoch mehr auf eine glückliche Fügung zurückzuführen: „C´est en effet un grand gagneur de batailles [...]". (BB, S. 20) Dies darf allerdings nicht mit einer guten Füh-rungstaktik gleichgesetzt werden, denn „le moindre général est plus habile que lui." (BB, S. 20) Ihm fehlt es an Begabung und diesen Mangel erträgt er nur schwer: „Il est jaloux des talens, de l´esprit, de la virtu; il n´aimeroit pas même le bruit d´un grand crime, si ce crime n´étoit pas son ouvrage." (BB, S. 28f.) Begabte und intellektuelle Menschen erfahren diesbezüglich

---

[44] Ute Planert, Nationalismus, S. 33. An dieser Stelle vermeine ich Napoleon.
[45] Ebd., S. 33.

die Eifersucht Napoleons. Sie stellen eine Gefahr durch ihre Überlegenheit dar.

Dies erfordert eine Analyse der Vorgehensweise und Politik dieser Persönlichkeit.

III.2. Zur politischen Situation

„La politique, c´est jouer aux hommes." (BB, S.17) Den politischen Maßstab setzt Napoleon auf das Spiel. Aufgrund der Unfähigkeit einen Kurs einzuhalten, wird das politische Geschehen auf ein wechselndes spielerisches Tagesgeschäft, ganz nach den Launen Napoleons reduziert. Das System Bonapartes ist gekennzeichnet „[…] par la corruption de nos mœurs et par les égaremens de notre esprit […]" (BB, S. 2) Napoleon legt keinen Wert auf Tradition und treibt „forfaits" (BB, S. 2) auf Kosten der Vorfahren voran: „[…] [il] renonce à l´expérience et aux coutûmes de nos pères; on brise les tombeaux des aïeux, seule base solide de tout gouvernement […]". (BB, S. 2) Er bringt nicht nur die Gesellschaft mit seinem politischen System in Unruhe, sondern vergeht sich am Fundament, an der Struktur, die die Ahnen garantiert und aufgebaut haben. Napoleon stört die Totenruhe der Urväter des Staats mit seinen Umwälzungen. Die „[…] félicité publique fut sacrifiée à l´intérêt personnel, et la justice à la vanité." (BB, S. 3) Das Volk wird allen Rechten beraubt. Seine Vorhaben gibt der Diktator „[…] pas ouvertement […]" (BB, S. 3) preis und sie werden langsam „[…] par degré." (BB, S. 3) gebildet. „Il se concilia les vrais Français, en se proclamant le restaurateur de l´ordre, des lois, et de la religion." (BB, S. 3) Dabei wird „[…] la France entière [devient] l`empire du mensonge […]" (BB, S. 8) Nachdem Napoleon die Bevölkerung indoktriniert hat, beginnt er sein eigentliches Programm durchzusetzen.

> „Les mots changent d´acceptation: […] journaux, pamphlets, discours, prose et vers, tout déguise la vérité. S´il faut de la pluie, on assure qu´il a fait du Soleil, si le tyran s´est promené, au milieu du peuple muet, il s´est avancé, dit-on, au milieu des acclamations de la foule." (BB, S. 8)

Napoleon richtet, wie ein Tyrann, alles nach seinem Gefallen aus. Es ist ein politisches Theater mit ihm als Alleinherrscher auf der Bühne. Er entwirft seine eigene Realität, die er durch die Medien zu instrumentalisieren versteht. Es ist eine total auf Napoleon zugeschnittene Politik der Verschleierung ohne Meinungsfreiheit: „Les gens de lettres sont forcés par des menaces à célébrer le despote." (BB, S. 8) Intellektuelle werden, wie Marionetten zu seinem Spiel genutzt. Der Despot setzt der Politik den „[…] timbre de l´esclavage […]" (BB, S. 8) auf. Napoleon ist als Sklavenhalter entlarvt. Seiner Macht verleiht er weiteren Ausdruck, indem er „[…] dans les nouvelles éditions des anciens auteurs, la censure faisoit retrancher tout ce qui se trouvoit contre les conquérans, la servitude et la tyrannie […]". (BB, S. 8) Was eine dauerhafte Festigung der Herrschaft des Tyrannen gefährden könnte, wird durch Zensur getilgt. Das könnte beweisen, dass er sich im Klaren ist, dass seine Politik ethisch nicht zu rechtfertigen ist. Der Eroberer mit seiner tyrannischen Tendenz möchte die aufklärerische Literatur bezüglich der Warnung vor mittelalterlichen Herrschaftsformen aus der Gesellschaft streichen. Es besteht totale Kontrolle. Wäre Napoleon französischer Herkunft, würde er diese Politik nicht anwenden. Diese primitive Machtausübung

„[…] décèlent dans Buonaparte une nature étrangère à la France. […] [ce] sont des actes impies, sacrilèges, odieux, anti-français surtout, et dont la honte ne doit retomber que sur la tête de l´étranger." (BB, S. 7)

Allein der Fremde ist für dieses gottlose Unterfangen verantwortlich zu machen. Er ist mit einer „[…] puissance du méchant." (BB, S. 7) rücksichtslos in die „Patrie" (BB, S.9) eingedrungen. Unter der Herrschaft sind „L´imposture et le silence [étoient] les deux grands moyens […] pour tenir le peuple dans l´erreur." (BB, S. 9) Bonaparte „[…] méprise ce que vous pouvez sentir et penser." (BB, S. 9) Es reicht ihm nicht aus, sich nur am erwachsenen Volk zu vergehen. Auch den Kindern kommt eine Bildung nach der Vorstellung des Oberhaupts zu: „Ces enfans étoient placés dans les écoles où on leur apprenoit au son du tambour l´irréligion, la débauche, le mépris des vertus domestiques, et l´obéissance aveugle au souverain." (BB, S. 9) Er sieht vor, die Jugendlichen im Ton des Militärs zu erziehen, ohne moralisch-aufgeklärte Inhalte, wie gottlose „Mameloucks" (BB, S. 9), ohne Ehre. Napoleon versteht es mit seinem politischen System „[…] à détruire la France par ses fondements." (BB, S. 9) Es ist ein fremder Zerstörer, der in einem kurzen Zeitraum mehr Schlechtes als „[…] tous les tyrans de Rome ensemble, depuis Néron jusqu´au dernier persécuteur des chrétiens." (BB, S. 9) verrichtet hat. Der Autor zieht einen Vergleich zu den römischen Diktatoren, die Napoleon mit seiner Gottlosigkeit als Heidenführer übertrifft. Jetzt zieht Bonaparte mit der Ausbildung der Jugend Mammelucken groß, die allesamt gottlos ins Leben treten werden. Der Konsul ist der Verursacher einer radikalen Verschiebung der Sitten innerhalb des Staats. „[…] un gouvernement pervers introduit le vice chez les peuples, […] L´irréligion, le goût des jouissances et des dépenses au-dessus de la fortune, le mépris des liens moraux, l´esprit d´aventure, de violences et de domination […]". (BB, S. 10) Dem Abenteurer ist keines seiner Spiele zu teuer; er treibt den Staat mit Geldverschwendung in den Ruin. Er verschlingt die Einnahmen aus der Bevölkerung: „Il a dévoré en dix ans quinze milliards d´impôts […]" (BB, S. 12) Er saugt die Menschen aus, indem er alles zu Geld macht: „La Fortune entière étoit au pillage. Les infirmités, l´indigence, la mort, l´éducation, les arts, les sciences; tout payoit un tribut au prince." (BB, S. 13) Sogar beim Tod des Sohns, der eigentlich eingezogen werden sollte, besteht die Pflicht, der Zahlung nachzukommen: „[…] le père étoit obligé de compter la somme sur le tombeau de son fils." (BB, S. 13) Unter Napoleons eiserner Härte ist keine Spur von Respekt zu finden. Auch der Tod hindert ihn nicht daran, einen Profit zu erzielen. Die Menschen dienen nur der Umsetzung seiner Pläne, und der Raum für die Individualität ist unter seiner Herrschaft vernichtet worden: „Les *masses* devant être tout, les *individualités* rien." (BB, S. 28)

Napoleon ist ein perfekter Verwalter des Staats: „[…] il es impossible de mieux organiser le mal, de mettre plus d´ordre dans le désordre." (BB, S. 11) Der Autor unterstreicht in diesem pervertiertem Staatswesen die unvorstellbare Politik der Schlechtigkeit von Bonaparte. Auch auf wirtschaftlicher Ebene greift er nach seinen Belangen ein. Es scheint, als hätte er der kapitalistischen Wirtschaft ebenso den Krieg erklärt: „S´il naissoit en France quelque branche d´industrie, il s´en emparoit, et ele séchoit aussitôt entre ses mains. […] tout étoit pour lui l´objet d´un monopole odieux […]" (BB, S. 11) Er ist die Plattform, von welcher er das gesamte Weltgeschehen lenken möchte. Dabei erhebt er sich selbst über die höchste Ordnung Gottes und sieht sich als allmächtiger Herrscher. Die Bevölkerung sieht der Sklavenhalter Napoleon als Leibeigene an. Vor dem Tyrannen ist nicht einmal das Privateigentum sicher. Es kann durchaus passieren, dass ein Eigentümer mit folgendem Satz unterrichtet wird: „´Votre propriété est dominale ou nationale.“(BB, S. 13) Somit sind die Menschen aller Rechte beraubt. Das Volk ist das Mittel zur steigenden Militärisierung unter Napoleons Führung. Das ganze Land wird zu einer „[…] caverne de brigands.“ (BB, S. 10) unter seiner Herrschaft. Dementsprechend führt Napoleon den „code de la conscription“ (BB, S. 14) ein. Der Tyrann treibt durch diesen „code de l´enfer“ (BB, S. 14) in der Gesellschaft eine „[…] coupe réglée comme des arbres d´ une forêt […]“ (BB, S.14) voran. Chateaubriand vergleicht unter dieser Regelung das Volk mit einem Wald, der abgeholzt wird. Bonaparte werden zunehmend kannibalische Züge zugeschrieben.[46] In einem weiteren Schritt soll auf die Militärisierung der Bevölkerung eingegangen und geprüft werden, wie sich dies auswirkt.

III.3. Militärisierung

Dieses Erhebungsschreiben „[…] réunit tout ce que la tyrannie la plus subtile et la plus ingénieuse peut imaginer pour tourmenter et dévorer les peuples […]“ (BB, S. 14) Mit dieser bildhaften Darstellung Napoleons als Monster, das Menschen verschlingt, sticht hier seine Rolle in der Bevölkerung hervor. Er ist der Verantwortliche für die systematische ´Abschlachtung´ der Menschen. Mit diesem Erlass beginnt das Ausmerzen ganzer Generationen. Chateaubriand bringt mit dem Erlass die „ambition insatiable“[47] des Tyrannen zu Tage. Ehemalige Bestimmungen aus früherer Zeit werden übergangen. Neugeborene werden vom Autor als „futures victimes“ (BB, S. 14) bezeichnet. Napoleon verschlingt sie alle, bevor sie noch volljährig werden: „On avoit fini par prendre sans compter: l´âge légal, les qualtiés requises pour mourir sur un champ de batailles, n´étoient plus considérées […]“. (BB, S. 14) Die Militärisierung nimmt extreme Züge an; wie in einer Fabrik des Todes sterben die Kinder unter der Tyrannei Napoleons.

> „Des femmes grosses ont été mises à la torture afin qu´elles révélassent le lieu où se tenoit caché le premier-né de leurs entrailles; des pères ont apporté le cadavre de leur fils pour prouver qu`ils ne pouvoient fournir ce fils vivant.“ (BB, S. 15)

---

[46] Jean Tulard, Napoleon, S. 45.
[47] Maurice Descotes, NAPOLÉON, S. 84.

Es ist ein totaler Zusammenbruch, der mit der Ausmerzung der Generation vorangeht.

Napoleon steuert Frankreich „[...] et l'Europe entière dans la barbarie." (BB, S. 16) Der Autor zieht einen weiteren Vergleich mit dem „[...] siècle des Goths et des Vandales [...]". (BB, S. 16) Bonaparte reduziert die jungen Rekruten auf ihren zu erfüllenden Zweck. „Napoléon devient donc le minotaure auquel est livrée son contingent annuel de jeunes gens."[48] Er wird zum ´Fresser´[49] des Volkes und vornehmlich der jungen Menschen. Sie müssen für die „fureurs" (BB, S. 2) und „chimières" (BB, S. 2) des Oberhaupts ihr Leben lassen. Die menschliche Komponente ist ganz verloren. Unter dem ersten Konsul werden die Rekruten zur Ware gemacht, zur Realisierung seiner Pläne: „On en étoit venu à ce point de mépris pour la vie des hommes et pour la France, d´appeler les conscrits la *matière première* et la *chair à canon*. (BB, S. 15) Sie bilden die Rohstoffe, die zum Erreichen seiner Ziele benötigt werden. Kinderlose Paare haben keine Freiheit mehr: auch sie müssen dem menschenverschlingenden Tyrannen Opfer bringen. „L´absurde se mêloit à l´atroce: souvent on demandoit des enfans à ceux qui étoient assez heureux pour n´avoir point de postérité [...]". (BB, S. 15) Jedes Mittel scheint dem Militärdiktator recht zu sein, um seinen Forderungen Nachdruck zu geben, und seine Beute zu erlangen: „[...] il ne peut consentir à lâcher sa proie.", wie ein wildes Tier, das im Hungerzustand über seine Beute herfällt. Napoleon ist der Verursacher der „peste militaire" (BB, S. 22), die er überall verbreitet. Aufgrund der hohen Sterberate, die auf das Konto Bonapartes geht, liefert er auf längere Zeit das Land der Invasion durch Kriegsgegner aus. Das ist der „[...] plus grand et le plus irrémissible des crimes [...]". (BB, S. 23) Nach dem Autor kann ihm nicht viel an Frankreich liegen, denn er weiß, dass er das Risiko eingeht, alles zu zerstören. Die jungen Menschen unter den Krallen dieses machtbesessenen Kaisers wie

> „[...] malheureux enlevés à leurs chaumières avant d`être parvenus à l´âge d`homme [...] placés comme *chair à canon*, dans les endroits les plus dangereux pour épuiser le feu de l´ennemi ; ces infortunés,

---

[48] Jean Tulard, Napoleon, S. 46.
[49] In Anlehnung an Tulard wird Napoleon bei vielen Autoren als „Ogre" dargestellt, in unserem Kontext ist dies meines Erachtens die trefflichste Übersetzung.

[…] se prenoient à pleurer, et crioient en tombant frappés par le boulet […]" (BB, S. 24)

den Schlachten auszusetzen. Unter äußerst unwürdigen Bedingungen werden diese Jugendlichen wie Spieleinsätze mißbraucht, um die Gegner erstmal an ihrer Kriegsausstattung zu erschöpfen. Das ist das Werk des „[…] abominable tyran, pour un Corse, pour un étranger qui n´est si pro-digue du sang français […]". (BB, S. 24) Ein König französischer Herkunft würde sein Leben dafür hergeben, das Volk zu schützen: „[…] nous épargnant à nous-mêmes tant de malheurs […]". (BB, S. 24) Seine militä-rischen Bestrebungen sind das Produkt eines Fremden, der nichts auf dem Thron zu suchen hat. Seine Politik besteht aus „Besteuerung und Konskription"[50], Einnahmen in Form von Geld und Menschen mit dem alleinigen Ziel der Stärkung der Regierung, des Hofs und seiner Armeen.[51] Der schonungslose Tyrann regiert stählern durch „[…] le glaive d`Attila et les maximes de Néron." (BB, S. 31) Er wird mit einem weiteren furchtein-flößenden Gewaltherrscher und Eroberer gleichgesetzt, die genauso, wie alle anderen, durch ihre eigenen Freveltaten gestürzt worden sind. Bon-aparte ist ein von Gott gesendeter Handelnder; einer von vielen: „[…] ils ont des succès extraordinaires avec des talents médiocres." (BB, S. 25) Das Glück, das Napoleon zu eigen ist, geht auf eine glückliche Fügung Gottes zurück. Nach Napoleons eigener Auffassung, beruht sein Erfolg auf seinem Schicksal. Er ist nach seiner Meinung zum Alleinherrschen bestimmt.[52] Allerdings hat Gott aufgrund dieser Wendung ins Tyrannische mit einer „intervention divine" (BB, S. 1) eingegriffen und diesem „[…] abominable droit de force, sur qui Buonaparte fondoit son orgueil et son empire [...]" (BB, S. 42) ein Ende gesetzt. Gott muss eingreifen, um Frank-reich „Saigné à blanc par le bourreau […]" (BB, S. 16) zu retten. Napoleon ist zum Henker Frankreichs geworden, indem die Gesellschaft komplett mit dem grausamen Kriegsgeschehen überzogen wird:

„[…] nous avons vu la Seine chargée de barques, nos chemins en-combrés de chariots remplis de blessés […] Un de ces chars que l´on

---

[50] Christoph Prignitz: „Vive l´Empereur". Zum Napoleon-Bild der Deutschen zwischen Spätaufklä-rung und Freiheitskriegen. In: Harro Zimmermann (Hrsg.): Schreckensmythen – Hoffnungsbilder. Die Französische Revolution in der deutschen Literatur. Frankfurt a. M. 1989, S. 113.
[51] Ebd., S. 113.
[52] Vgl. Eckart Kleßmann, Napoleon, S. 6.

suivoit à la trace du sang, se brisa sur le boulevard. Il en tomba des conscrits sans bras, sans jambes, percés de balles, de coup de lances [...]" (BB, S. 24)

Es ist die Hölle auf Erden, die sich der Pariser Bevölkerung hier öffnet. Mit diesen schrecklichen Bildern werde ich jetzt auf die Bevölkerung eingehen um zu sehen, wie diese sich unter der Herrschaft des Tyrannen verändert hat.

III.4. Gesellschaft und Heilung

Durch die Pervertierung des Staatswesens unter Napoleons totalitärer Herrschaft ist er der Urheber einer „[...] raison incertaine [d´] une société sans passé et sans avenir [...] toute idée claire du juste et de l´injuste, du bien et du mal [...]" (BB, S. 2) sind in der Gesellschaft verloren. Die Demoralisierung menschlicher Verhaltensweisen geht auf die verachtende Haltung des Alleinherrschers zurück. Es findet eine allgemeine Verrohung der Gesellschaft statt. Damit geht ebenso das kulturelle Erbe des Staats zugrunde. Die Künste werden in dieser Atmosphäre erstarren. Auch die Wissenschaften verkümmern, da nicht mehr genügend Menschen präsent sind, die diese weiter betreiben. Unter der Regierung Napoleons geht es um die Bedürfnisse eines Einzelnen, und diesem muss das Volk als Kollektiv Folge leisten. „Un jeune homme qui doit mourir à dix-huit ans, ne peut se livrer à aucune étude." Durch Bonapartes Freveleien kann das geistige Gut des Landes nicht weiter entwickelt werden: es ist keine Nachfrage mehr da. Es geht dem Volk egoistisch um das Überleben. Ein

„[...] endurcissement de l´âme, cet oubli de tous les sentimens naturels, qui mènent à l´égoisme, à l´insouciance du bien et du mal, à l´indifférence pour la patrie; qui éteignent la conscience et les remords [...]". (BB, S.17)

Die Gesellschaft unterliegt durch die Gewaltherrschaft eines Fremden diesen Verirrungen. Raum für Nächstenliebe gibt es in einer solchen Gesellschaft nicht mehr. Ein Heimatgefühl ist nicht mehr präsent bei einer solchen Form der Fremdherrschaft. Abhilfe könnte nur königliches Blut schaffen.

„Les Bourbons seuls, par la majesté de leur race, par la légitimité de leur droits, par la modération de leur caractère, offriront une garantie suffisante aux traités, et fermeront les plaies [...]". (BB, S. 44)

Einzig die Wiedereinführung der rechtmäßigen Herrschaft der Bourbonen kann die Wunden dieser kranken Gesellschaft wieder heilen. Napoleon ist in Frankreich als Thronräuber eingedrungen und hat die Gesellschaft durch Unterdrückung und Terror gestört. Vormals war diese durch richtige Franzosen geschützt: „Louis XIV avoit environnée de forteresses, que Vauban avoit fermée comme un beau jardin." (BB, S. 21) Bonaparte ist der Verantwortliche, der die Menschen aus dem paradiesischen Garten vertrieben hat. Napoleon als Prinzip des Bösen wird in Verbindung mit Satan gebracht.[53] Aufgrund dieser Störung sind die Menschen in Unsicherheit geraten, und so hat die Entwicklung zur gesellschaftlichen Verrohung ihren Lauf genommen. In diesem, der Barbarei bezichtigten System werden die Prinzipien der Moral und Religion auf eine harte Probe gestellt. So können Eltern ihren Kindern keine Liebe und Zuneigungen mehr schenken, weil sie sich nicht emotional binden wollen. Sie werden in jungen Jahren bereits von Napoleons Schreckensregime zugrunde gerichtet. Kinder, die Garanten der Zukunft und der kommenden Generation „[…] devenoient pour eux qu'un objet de douleur et un fardeau." (BB, S. 17) Außerdem haben die Familien unter den Maßnahmen Napoleons fast kein Einkommen mehr. Nachkommen, die die Eltern im Haushalt mitversorgen müssen, die ihnen jedoch nicht dauerhaft erhalten bleiben, erweisen sich in der schweren Zeit als Last und bereiten mehr Kummer als Freude. Deshalb ist es sinnvoller, einen rechtmäßigen König auf dem Thron zu haben anstelle des fremden Emporkömmlings aus niederem Haus: „[…] le Roi leur représente aussitôt l´idée de l´ autorité légitime, de l´ordre, de la paix, de la liberté légale et monarchique." (BB, S. 31) Diese Aussage ist eine Gegenüberstellung der gegensätzlichen Attribute, die die Gesellschaft unter Napoleon kennzeichnet. Das Nationale ist unter allen Umständen Napoleon vorzuziehen. Der „überzeitliche[n] ethnische[n] Kern"[54] der nationalen Königsfamilie muss gewahrt bleiben. Der Nation wäre besser geholfen mit „Un prince qui n´auroit dans la tête que deux ou trois idées [...] seroit un souverain plus convenable à une nation, qu´un aventu-

---

[53] Vgl. Ulrich Broich: Prometheus oder Satan? Zur Mythisierung von Napoleon in Deutschland und England des frühen 19. Jahrhunderts. In: Monika Schmitz-Emans/Uwe Lindemann (Hrsg.): Komparatistik als Arbeit am Mythos. Heidelberg 2004, S. 259.
[54] Ute Planert, Nationalismus, S. 33. Nur die Königsfamilie wird stets die legitime Nachfolge beanspruchen können. Sie ist der Kern Frankreichs.

rier extraordinaire, enfant sans cesse de nouveau plans. (BB, S. 34) Sobald das Volk aus den Händen des Abenteurers, der die Pest verbreitet,
befreit ist, wird Genesung eintreten. Ein Prinz, dem pures Blut in den
Adern fließt, wird immer fähiger sein, eine gesunde Nation zu führen.

Im Folgenden soll nach der Analyse der Darstellungsweise Napoleons zu
Lebzeiten, auf die Anfänge der Mythologisierung eingegangen und erläutert werden, wie sich dieser Vorgang vollzogen hat.

IV. Mythologisierung

Im ersten Teil ist gezeigt worden, wie Napoleon zu Anfang des 19. Jahrhunderts in die Literatur eingetreten ist. Natürlich hat die Figur bei anderen europäischen Autoren noch viele andere Muster[55] angenommen, denn es gibt eine unüberschaubare Präsenz Napoleons in der damaligen Literatur.[56] Nachdem Napoleon nicht mehr im Mittelpunkt des Weltgeschehens steht, beginnt für viele Schriftsteller die Arbeit der Mythisierung an der Figur Bonaparte.[57] Das bedeutet, dass Napoleon „[…] nicht als Mensch in einem historischen Kontext gesehen [wird], und [es wird] nicht versucht, ihn aus seinen historischen Bedingungen zu verstehen. Napoleon erscheint stattdessen als ein Wesen, das die Grenzen von Zeit und Raum, sowie die Begrenzungen des Menschlichen und des Geschichtlichen transzendiert und nur mit Termini aus dem Bereich des Religiösen oder Mythischen adäquat beschrieben werden kann."[58] Napoleon wird aus der realen politischen und geschichtlichen Vergangenheit entfernt und zum Beispiel in den Fokus im „Kampf zwischen Gut und Böse"[59] gerichtet.[60] Dies ist eine mustergültige und immer alternierende Enthistorisierung und Stilisierung über alle irdischen Normen.[61] So wird er zum einen als „´größte[r] Mensch[en] der Neuzeit´"[62] gefeiert, zum anderen als Begründer der „´Vereinigten Staaten von Europa´"[63] angesehen. Die Werke einer dämonischen Eigenschaft werden ihm zugrunde gelegt; Napoleon kann nicht mehr auf menschlicher Ebene charakterisiert werden.[64] Dies geschieht durch den wachsenden Druck der Auswirkungen der Restauration. Man möchte den vergangenen wirren Tagen des Abenteurers langfristig gedenken.[65] Im allgemeinen zeigt sich nach dem Sturz Napoleons eine unvoreingenommenere Meinung gegenüber dem Kaiser.[66] „[…] das Ge-

---

[55] Zum Beispiel positive Wertungen bei Béranger, Hölderlin oder Jean Paul.
[56] Vgl. Ulrich Broich, Prometheus oder Satan, S. 257.
[57] Vgl. Milian Schömann: Napoleon der deutschen Literatur. In: Stoff- und Motivgeschichte der deutschen Literatur, 8. Berlin 1930, S. 14.
[58] Milian Schömann, Napoleon, S. 257.
[59] Ulrich Broich, Prometheus oder Satan, S. 259.
[60] Ebd., S. 259.
[61] Ebd., S. 264.
[62] Milian Schömann, Napoleon, S. 2.
[63] Ebd., S. 2.
[64] Ebd., S. 2.
[65] Ebd., S. 15.
[66] Ebd., S. 15.

nie, d.h. die in einem Menschen verkörperte Kraft und der gewaltige Wille, ganz Er selbst zu sein [...] die fortzeugende Energie [...]"[67] verzaubert die Menschen und bleibt in der Literatur erhalten. Im Folgenden wird anhand von E. T. A. Hoffmanns Erzählung *Die Vision auf dem Schlachtfelde Bei Dresden* exemplarisch auf die Anfänge der Darstellung hin zu der Mythisierung eingegangen werden.

V.1. E. T. A. Hoffmann: *Die Vision auf dem Schlachtfelde bei Dresden*

Die Erzählung besteht wechselseitig aus Realität und phantastischen Elementen[68]:

> „Auf dampfenden Ruinen des Feldschlößchens stand ich [...] Da war es mir, als zöge ein dünner Nebel über die Flur, und in ihm schwamm eine Rauchsäule, die sich allmählich verdickte zu einer finstern Gestalt [...]". (DKV, S. 479)

Die Grenzen von Raum und Zeit sind nicht mehr vollständig gegeben, und Napoleon schreitet langsam zu einer unendlichen Figur. Es wird das Bild einer Apokalypse projiziert: „[...] zerrissene Menschen standen auf und streckten ihre blutigen Schädel empor, und wilder wurde das Geheul, entsetzlicher der Jammer!" (DKV, S. 479) Die Gegenwart ist geprägt von Leid und Tod mit einem Ausblick auf einen glücklichen Neubeginn[69] nach dem „Muster der *Offenbarung des Johannes*"[70]. Das jüngste Gericht, in dem Napoleon unterliegen wird, tritt metaphorisch hervor: „Ein wunderbarer roter Schein blitzte, wie aus der Tiefe der Erde fahrend, [...]". (DKV, S. 479) Es ist die Macht Gottes, die durch diesen Blitz symbolisiert wird.[71] Auffällig ist das gesamte Bild, das ins mythologisch-religiöse verkehrt. Napoleon erscheint über dem Geschehen und spricht nach unten zu den Opfern: „[...] bin ich nicht selbst die Rache, bin ich nicht selbst das Verhängnis, dem ihr dienend gehorchen müßt?'" (DKV, S. 480) Er stellt sich über Gott und sieht sich als höchste Instanz an, ein Anti-Christ, der sich über die irdischen Normen setzt. Dann aber greift Gott ein und bestraft den Hochmut Napoleons.[72] Gott sendet: „[...] ein[en] fürchterliche[n] riesige[n] Drache[n] [...]". (DKV, S. 480) Es ist eine „Symbolspra-

---

[67] Ebd., S. 17
[68] Barbara Beßlich, Napoleon, S. 100f.
[69] Barbara Beßlich, Napoleon, S. 93.
[70] Ebd., S. 93.
[71] Ebd., S. 102.
[72] Ebd., S. 102.

che der Offenbarung als metaphorisches Repertoire."[73] Die Figur Napoleons soll auf biblischer Ebene eingebettet werden.

> „Da schrie der Tyrann von dem grässlichen Schmerz gepackt auf im Krampf der Verzweiflung, daß seine Stimme im heulenden Mißton durch des Sturmes Brausen gellte, aber es erscholl wie Posaunen von oben herab: [...]" (DKV, S. 481)

Dieser dämonisch enthistorisierte Tyrann wird durch den Drachen denselben Qualen ausgesetzt, wie er sie vormals seinen Untergebenen zufügte. Er stellt keinen Mittelpunkt mehr dar, und mit dem Ertönen der Posaunen spricht Gott: „´Erdenwurm, der du dich erhoben aus dem Staube – wähntest du nicht vermessen, die Macht zu sein, [...] Entarteter! Verworfener! – die Erde ist nicht deine Heimat [...]" (DKV, S. 481) Napoleon wird beim Jüngsten Gericht durch Gott entmenschlicht und Gott untergeordnet. „Da trug das Ungeheuer den Tyrannen tiefer herab zur Erde, und es rauschten im nächtlichen Dunkel finstre gräßliche Gestalten, [...]" (DKV, S. 481) Die Beschreibung geht wieder in den Bereich des Mythischen und Religiösen über. Für Napoleon kann es keinen Trost mehr geben „[...] auf der Erde, der du [Napoleon] im frevelnden Hohn entsagtest." (DKV, S. 482). Somit gehört dieses kurze Stück zu den Anfängen der mythologisierenden Umgestaltung der Figur Bonapartes. „Napoleon ist selbst in seinem Untergang noch faszinierender stilisiert als seine Überwinder [...]"[74].

Als nächstes wird sich Grabbes dramatischer Verhüllung *Napoleon oder die 100 Tage* zugewendet und analysiert werden, wie sich das Bild Napoleons weiterentwickelt.

---

[73] Ebd., S. 94.
[74] Barbara Beßlich, Napoleon, S. 108.

V. Ch. D. GRABBE: *NAPOLEON ODER DIE HUNDERT TAGE*[75]

Das Werk ist eine dramatische Verhüllung im Gedenken an Napoleon. Dramatische Bearbeitungen Napoleons wagen nur Wenige. „Fast als Monolith steht so Grabbes theatralisches Experiment seines *Napoleon oder die hundert Tage* von 1831 da"[76] Grabbes Stück ist ein Versuch über das Weltgeschehen, das sich durch Napoleon vollzogen hat, nachzudenken. Der zur Legende gewordene Napoleon wird durch Grabbes Bearbeitung zum Mythos erhoben. „`Mit Napoleons Ende ward es mit der Welt, als wäre sie ein ausgelesenes Buch, und wir ständen, aus ihr hinausgeworfen, als die Leser davor, repetirten und überlegten das Geschehen.`"[77] Napoleons Fall symbolisiert für Grabbe das Ende der Weltgeschichte. Der Weltgeist ist verschwunden; es gilt jetzt die Vergangenheit zu bewältigen,[78] denn „[…] Nicht er, seine Geschichte ist groß."[79]

V.1. Idealisierung und „`Heiland`"[80]

Nach Napoleons Verbannung nach Elba verfällt der ehemalige Herrscher in Selbstreflexionen. Abends begibt er sich öfters an einen Platz am Meeresufer: „[…] ich [Napoleon] lieb` ihn abends – da das Meer, der Spiegel der Sternenwelt, hinbrausend nach den Küsten von – Ach – […]". (Grabbe, S. 34) Er sehnt sich nach den Gefilden Frankreichs und verfällt in meditative Gedanken. Durch das brausende Meer an der Küste wird ein idyllischer Ort zum Nachdenken evoziert. Eine scheinbare Ruhe in der Napoleon seinen Taten gedenkt.[81] Trost findet er im Element des Meeres, das die Insel mit dem Festland verbindet. Abends verwandelt das Meer sich in einen Spiegel und durch die Sterne, die auch auf dem Festland zu

---

[75] Ich habe mich für die Reclam-Ausgabe entschieden, da der Text dem Erstdruck folgt. Die Orthographie wurde unter Wahrung des Lautstandes und der sprachlichen Eigenart behutsam angeglichen. S. 143 in Anm. 7.

[76] Barbara Beßlich, Napoleon, S. 247.

[77] Ebd., S. 247.

[78] Ebd., S. 247f.

[79] Ebd., S. 249.

[80] In Anlehnung an Wülfing, S. 164.

[81] Vgl. google.de/books?id=mv4_AAAAYAAJ... [PDF-Datei]: Engel Christine Westphalen: Charlotte Corday Tragödie in fünf Akten mit Chören. Ich fand dort eine ähnliche Stelle, die mir wichtig erscheint anzuführen: „[…] die Fluthen sind nicht immer Bewegt vom Sturm.- In ihren glatten Flächen Bespiegelt sich der Mond, das Heer der Sterne. Die Stille fügt sich gern dem Unbegrenzten." Auch hier wird aufgrund des revolutionären Kontexts die Metapher des Meeres und der Sterne benutzt. Dies im Zusammenhang mit einer reflexiven Persönlichkeit.

sehen sind, fühlt er sich verbunden. Napoleon identifiziert sich mit den Sternen: er ist der Lichtbringer der Menschheit. „[…] Solange die Sonne in die Prachtfenster der Paläste und in die schmalen Glasscheiben der Hütten funkelt, wird man deiner gedenken, […]". (Grabbe, S. 34) Der Lichtbringer wird mit der Sonne gleichgesetzt. Diese kann durch ihr Licht in keinem gesellschaftlichen Stand vergessen werden. Im Kontrast dazu steht die Undankbarkeit des Volkes: „Ha! Statt an Taten zehrt man jetzt an Erinnerungen! […] Wie undankbar die Welt, das elende, schlechte Scheusal! […]". (Grabbe, S. 34) Napoleon sieht sich als Opfer, das es nicht verdient hat, geächtet zu werden. Es sind jedoch nicht die einzelnen Menschen, denen er Vorwürfe macht, sondern der Welt als Kollektiv. Bei einigen Dichtern wird Napoleon als Größe, die zur falschen Zeit handelt, thematisiert. Darin spiegelt sich die Enttäuschung über die Juli-Revolution wider.[82] Das Kollektiv hat sich gegen ihn verschworen; die Individuen interessieren ihn nicht. Durch die Lichtmetaphorik der Sterne und der Sonne setzt er sich auf eine Ebene zu Prometheus: „Hier hingeschmiedet, ein anderer Prometheus, den Geier im Herzen." (Grabbe, S. 35) Zu betonen sind „[…] vor allem zwei Parallelen zwischen ihm und Prometheus: Prometheus brachte den Menschen gegen den Widerstand der alten Gewalten das Feuer (bei manchen Autoren: das Licht), womit impliziert wird, daß Napoleon Europa die Aufklärung gebracht habe."[83] So wie Prometheus später in den Kaukasus verbannt und seine Leber zerfleischt wird, erlebt Napoleon seine Strafe auf Elba und zum Schluss auf Sankt Helena. Der aufklärerische Lichtbringer Napoleon ist der Urheber einer säkularisierten Politik: „[…] Mit Gebeten und Jesuiten zwingt man nicht mehr die Welt – Die Bücher beiseit, und Landkarten auf den Tisch – […]" (Grabbe, S. 71) Es widerstrebt ihm, eine Politik konservativer Ausrichtung nach Art der Bourbonen zu führen. Napoleon ist überzeugt davon, dass er das Land immer am besten und in unnachahmlicher Weise geführt hat:

> „Ich bin Ich, das heißt Napoleon Bonaparte, der sich in zwei Jahren Selbst schuf, während jahrtausendlange erbrechtliche Zeugungen nicht vermochten, aus denen, die sich da scheuen, meine Briefe anzurühren, etwas Tüchtiges zu schaffen." (Grabbe, S. 75)

---

[82] Vgl. Barbara Beßlich, Napoleon, S. 249.
[83] Ulrich Broich, Prometheus oder Satan, S. 259.

Napoleons Sprache ist durch kurze parataktische Sätze gekennzeichnet. Das unterstreicht seinen unbeugsamen Willen und seine zentrale Position innerhalb des Ganzen.[84] Für Bonaparte ist es unwichtig wie ein Führer zur Herrschaftslegitimation kommt. Wichtig ist nur die Fähigkeit zur Tat zu schreiten: alle Menschen sollen vor seinem „Genie" (Grabbe, S. 75) beben. Er ist ein „absolutes Subjekt"[85]: kein Reformator des Staatssystems, kein Cäsar und kein Urheber des Code Napoléon mehr.[86] Sein Genie erklärt er wie folgt: „Käm` es auf das bloße Talent, und nicht auf die Tatkraft an, durch welche es in Bewegung gesetzt wird, so wäre Berthier statt meiner Kaiser der Franzosen." (Grabbe, S. 86) Durch seinen unbeugsamen Willen ist er der Einzige, der als Retter des Volkes angesehen werden kann: „Sie sehnen sich noch einst nach dieser kleinen Hand, wenn sie längst Asche ist, denn *Ich, Ich* bin es, der sie gerettet hat […]". (Grabbe, S. 35) Die geniehafte Halbgottheit Napoleon sieht sich allein dafür bestimmt die Menschen unter seiner Hand zu führen. Er wird zur Vaterfigur stilisiert, der seinen ´Kindern´ die Hand reicht. Sein Scheitern ist nicht auf ihn zurückzuführen, sondern auf das Volk: „Ist die Canaille es wert? Ist sie nicht zu klein, um Größe zu fassen? Weil sie so niedrig war, ward ich [Napoleon] so riesenhaft." (Grabbe, S. 35) Er sieht sich als Auserwählter durch seine Größe, die sonst keiner aufweisen kann. Das Volk wird auf Kinder reduziert, die allesamt noch nicht reif genug sind, die geniehafte Größe ihres vormaligen Herrschers zu erfassen. Doch selbst die Verkennung des Wesens von Napoleon ist nicht die eigentliche Ursache des Sturzes. „Nicht Völker oder Krieger haben mich bezwungen – Das Schicksal war es." (Grabbe, S. 36) Der auserwählte Halbgott, mit dem „[…] die Sonne unter [ging], die diese Planeten im Schwunge erhielt […]" (Grabbe, S. 39) kann nur von einer höheren Macht bezwungen worden sein. Er kann in seiner Tatkraft und übermenschlichem Streben nur vom Schicksal Einhalt geboten bekommen und wartet jetzt wie „[…] ein[en] Löwe[n] im Käfig." (Grabbe, S. 36) darauf, frei gelassen zu werden, um sein Werk fortzuführen. Wenn das Schicksal ihm gnädig ist, spielen die Ansichten aller Menschen keine Rolle mehr, denn „[…] so stürzt Europa zürnend oder liebend

---

[84] Vgl. Herbert Kaiser: „alles Moderne … im Glanz der Poesie". In: Werner Broer/Detlev Kopp/Michael Vogt (Hrsg.): Grabbe-Jahrbuch 1988, 7. Jahrgang, S. 198.

[85] Ebd., S. 201.

[86] Ebd., S. 201.

ihm nach." (Grabbe, S. 85) An seinem Platz als Herrscher ist unter keinen Umständen etwas zu ändern. Dieses Geniewesen Napoleon, durch die Tatkraft begründet, geht nach Wülfing auf das „[…] Wort-Tat-Stereotyp, das schon bei Hölderlin anzutreffen ist und schon von ihm mit dem Konzept „Halbgott" verbunden wird."[87], zurück. Auch bei Goethe sind Aussagen zu finden, die „[…] zur Ausformung dieses Stereotyps beigetragen […]"[88] haben.

> „´Da war Napoleon ein Kerl! Immer erleuchtet, immer klar und entschieden, und zu jeder Stunde mit der hinreichenden Energie begabt, um das, was er als vorteilhaft und notwendig erkannt hatte, sogleich ins Werk zu setzten.´"[89]

Er wird hochgeschätzt wegen seiner unvergleichlichen „´Produktivität der Taten´"[90], die keiner nachahmen kann. Dieses Genie ist zu allem bereit und „[…] kann die Welt eher umgestalten als die Welt ihn, […]". (Grabbe, S. 103) Napoleon wird zur regierenden Weltmacht stilisiert. Die eiserne Seite des Kaisers tritt ebenfalls hervor, denn er findet seine Ruhe nur in der Tat und das ist im Krieg: „Ha! Meine Schlachtendonner wieder – In mir wird`s still --- (Er schlägt die arme übereinander.)". (Grabbe, S. 104) In diesem unermesslichen Tatendrang ist er bereit alles zu geben: „[…] es koste was es will. […] Der Sieg soll des Blutes wert sein." (Grabbe, S. 133) Jeder muss seinen Vorstellungen nachkommen: „Da gibt es keinen anderen Liberalismus als Ihm zu gehorchen, keinen anderen Geist als den Seinigen, keine anderen Gefechte als die à la Kairo, Austerlitz, Jena und der Moskwa." (Grabbe, S. 103) Um seinen absoluten politischen Führerwillen zu unterstreichen, der aus „[…] Eitelkeit, Hoffahrt, superstitio […]"[91] besteht, beruft er sich auf die großen blutigen Schlachten. Dieser kriegerische Tatendrang wird relativiert, indem man auf die guten Absichten solcher Tyrannen verweist: „[…] seine Ideen waren größer als der Egoismus des Generals Bonaparte." (Grabbe, S. 58) Wieder wird das Geniehafte gelobt, denn trotz seiner blutigen Selbstherrschaft stehen innovative Ideen

---

[87] Wulf Wülfing, Napoleon-Mythos, S. 176.
[88] Ebd., S. 176.
[89] Ebd., S. 176.
[90] Ebd., s. 176.
[91] Jürgen Fohrmann: Die Ellipse des Helden (mit Bezug auf Christian Dietrich Grabbes „Napoleon oder die 100 Tage"). In: Detlev Kopp/Michael Vogt (Hrsg.): Grabbes Welttheater. Christian Dietrich Grabbe zum 200. Geburtstag. Bielefeld 2001. [Vormärz Studien, 7], S. 127.

hinter seiner Führung, die das Fundament seiner Regierung bilden und positiv gewertet werden. Selbst Napoleon, der sich als Prometheus sieht, meint: „Der gute, wohlmeinende Advocat aus Arras, Robespierre, mußte zum Schreckensmann werden, als er die Republik aufrechterhalten wollte, […]". (Grabbe, S. 76) Napoleon ist sich seiner Stellung als Schreckensmann im Volk bewusst, allerdings geschieht das zum Wohle der Republik und des Volkes. Die Bevölkerung wird immer zu leiden haben unter einer Autorität:

> „Statt eines großen Tyrannen, wie sie mich zu nennen belieben, werden sie bald lauter kleine besitzen, - statt ihnen ewigen Frieden zu geben, wird man sie in einen ewigen Geistesschlaf einzulullen versuchen, - […] (Grabbe, S. 140)

Auch ohne Napoleon wird das Volk keine Ruhe finden. Mit Napoleon hätten sie wenigsten eine ´große Autorität´ gehabt. Er sieht sich in der Tradition der großen Herrscher und weiss, dass auch nach seinem Sturz wieder ein neuer

> „[…] Weltgeist ersteht, an die Schleusen rührt, hinter denen die Wogen der Revolution und meines Kaisertums lauern, und sie von ihnen aufbrechen läßt, daß die Lücke gefüllt werde, welche nach meinem Austritt zurückbleibt." (Grabbe, S. 140f.)

Napoleon sieht sich in der historischen Folge als ´Weltgeist´ der politischen Größen und weist auf zukünftige Herrscher hin, die diese Kontinuität fortsetzen werden. Er findet Trost in seiner Überzeugung, dass irgendwann ein neues Genie als Weltgeist in die Geschichte eingeht und diese Kontinuität fortgesetzt wird. Auch Jean Paul glaubt an diese historische Kontinuität: „Im Hintergrund stand [nach Armin Schlechter] Jean Pauls Überzeugung, daß das Heilige Römische Reich […] mit dem Ziel überwunden werden müsse, als Teil Europas zu seiner neuen, friedvollen Ordnung zu gelangen."[92] Napoleon ist der geeignetste Herrscher für dieses Unterfangen, denn die Zeit der feudalen Verhältnisse ist vorbei.

Dies wirft die Frage auf, wie die legitimen Herrscher der Bourbonen und die europäischen Kriegsheere der Preußen über Napoleon denken. Im weiteren Verlauf der Analyse soll diese Frage verfolgt werden.

---

[92] Jean Paul: Friedens=Predigt an Deutschland 1808. Heidelberg 2008. S. 111f.

V.2. Zum Versuch der Deformierung

Nach Napoleons Verbannung wird der Platz des Herrschers wieder an den rechtmäßigen Bourbonenkönig vergeben. Auch während der Regentschaft Ludwigs des Achtzehnten treten Schwächen zutage, die keinem verborgen bleiben. Dem Adel erscheinen diese Mängel belanglos. Keiner kann dem König etwas Ernstes anhaben, denn er ist derjenige, der innerhalb der Ahnenreihe der französischen Könige den legitimen Herrschaftsplatz einnimmt: „Bei Gott, wäre Ludwig der Achtzehnte nicht mein angeborener König, ich könnt`ihn wegen seiner schwächlichen Nachgiebigkeit auf dieses Schwert fodern." (Grabbe, S. 16) Dem legitimen König obliegt das Recht zum Herrschen, auch wenn Fehler unter seiner Führung hervortreten. Bei Napoleon wird der politische Erfolg auf das Schicksal zurück geführt. Das Weltliche und die Tradition stehen sich gegenüber. So heisst es an einer anderen Stelle: „[…] das ist noch ein König! Ein *gebornerl*" (Grabbe, S. 24) der die konservativen christlichen Werte repräsentiert. Nachdem der König wieder die Macht erlangt hat, ist die Welt wieder von der Macht des Bösen gereinigt. „Ja, Christus ist erstanden" […] O Frankreich ist gerettet!". (Grabbe, S. 26) Dank dem König wird nach der kriegerischen Zeit Napoleons wieder Friede einkehren. „Die Schlachtendonner sind verklungen, -Europa ist still, - wo Adler raseten, blühen wieder friedlich die drei Lilien.". (Grabbe, S. 28) Die Lilien stehen als Bild der Reinheit in christlicher Tradition. Unter Napoleon hingegen können Letztere nicht gedeihen, er führt die Hölle und alle dazu gehörigen antichristlichen Werte[93] mit sich:

> „Das kann auch der Dämon der Hölle. Die wahre Größe gibt Ruhm,
> Macht, jedem Außenschein für Ehre, Recht und inneres Glück dahin
> – Er [Napoleon] aber tat das nie – […] dieser Kaisertiger hätte sich
> vor seinem Feinde, den er mit den Klauen nicht erreichen konnte,
> zum Wurm verwandelt, sich von ihm treten lassen, wenn er nur wuß-
> te, daß er ihm alsdann giftig in die Ferse stechen konnte." (Grabbe,
> S. 28)

Beim Adel wird er im Gegensatz zu Ludwig als Sinnbild des Teufels dargestellt. Diese „[…] lebendige Schandsäule […] befleckte es [Frankreich] mit einem Ruhmeskranze […]" (Grabbe, S. 30) aus Blut. Dies ist das

---

[93] Vgl. Ulrich Broich, Prometheus oder Satan, S. 258.

Teufelswerk eines einfachen „[…] korsischen Rebellen […]" (Grabbe, S. 29) der „[…] stets ein gemeiner Korse." (Grabbe, S. 29) ist und keinen Adelssinn in sich trägt. Er ist ein Mann niederer Herkunft, der auf Abenteuersuche ist und für echte Franzosen leicht besiegbar: „[…] tapfere Franzosen, noch dazu von echten Edelleuten kommandiert, und seinen Abenteuern mehr als gewachsen." (Grabbe, S. 30) Mit der Stärkung des Adelsstandes unter Ludwig wird Napoleon neben der Verteufelung mit komischen Zügen versehen. Bonaparte „[…] ein Narr […]" (Grabbe, S. 48) und hat während einiger Zeit regiert wie die „[…] große[n] Hanswürste – Gottlob, die Zeit ist vorbei." (Grabbe, S. 48) Napoleon ist im Kreise des Adels und des Königs eine lächerliche Figur, der man keine Aufmerksamkeit mehr schenken muss: „Ach, bekümmern wir uns um den Raufbold nicht." (Grabbe, S. 49) Damit wird die Lächerlichkeit der Person ein weiteres Mal unterstrichen. Beim Stand des Adels ist der gefürchtete Selbstherrscher zu einer theatralischen Figur geworden. Bei den politischen Gegnern soll jetzt vor allem auf die Aussagen bezüglich Napoleons eingegangen werden, so wie sie vom preußischen Heer berichtet werden.

Von Seiten der Preußen ist Napoleon ein ernstzunehmender Gegner. Er ist unberechenbar, „[…] wie ein Dieb in der Nacht." (Grabbe, S. 90) Man kann ihn nicht einschätzen: „Er ist in der Regel da, wo man ihn nicht vermutet" (Grabbe, S. 110) Respekt ist eine Qualität, die dem Herrscher fern liegt. Mit der Präsenz Napoleons beginnt alles zu erstarren: „So kalt der Regen zu tröpfeln beginnt, so rauh der Wind weht, so nahe der korsische Löwe liegt, und vermutlich schon auf den Hinterfüßen steht, und die Vordertatzen nach uns ausreckt […]" (Grabbe, S. 97) Er ist die Inkarnation einer tierischen Bestie, die das einzige Ziel hat, das preußische Heer zu zerfleischen. Dauernd muss man vor ihm auf der Hut sein, denn „Dem Bonaparte ist keine List fremd." (Grabbe, S. 91) Jeder soll sich in Acht nehmen, „[…] wenn der Korse mit seinen Horden hereinbricht, um Preußens und Deutschlands Ehre zu zertreten […]" (Grabbe, S. 93) Er ist der Vernichter aller Völker, der der „[…] Königin [Luise] das Herz brach." (Grabbe, S. 90) Napoleon wird komplett amoralisiert: es gilt, diese skrupellose Bestie auszumerzen, denn „Das sind nicht Menschen – Das sind Teufel". (Grabbe, S. 113) Diesbezüglich bedient man sich eines eigenen nationalen Mythos, um dem Napoleon-Mythos entgegenzuwirken. Luise ist das „neupreußische[n]"[94] Vorbild auf der politischen Ebene. Bonaparte demütigt sie, und deshalb muss Luise stellvertretend für Preußen gerächt werden.[95] Somit bedient man sich der „´mythengeeignet[en]´"[96] Luise zur Begründung der nationalen politischen Interessen. Napoleon kann man nur verachten: „Ja, Napoleon ist auch groß, ist riesengroß, - aber er ist es nur für sich, und ist darum der Feind des übrigen Menschengeschlechts, - unser König ist es für alle." (Grabbe, S. 96) Er und seine Armeen vollbringen Großes mit ihrer Kriegskunst, jedoch verlieren diese verrohten Menschen das Wesentliche der Ehre aus den Augen. Sie würden alles für Glanz leisten, „[…] wenn ihnen der Schimmer nur nicht meistens die Hauptursache." (Grabbe, S. 94) Auf ihr Erscheinungsbild zu Pferde achten sie zum Beispiel gar nicht. Vornehmes Verhalten ist nicht zu sehen bei diesen „[…] Judenjungen, nicht bügel-, nicht sattelfest. Aber so wilder und verwegener." (Grabbe, S. 94) Er und seine Horde sind die „[…] Erbfeinde […]" (Grabbe, S. 115) gegenüber der „[…] lobenswürdige[n], loyale[n] Nation […]" (Grabbe, S. 100) dar. Die Preußen müssen ihn jetzt endgültig schlagen: „[…] unser Blut opfern wir, daß nicht abermals ein Tyrann, wie Bonaparte es ist, […] [der] uns und die Welt wie Negersklaven kommandiert, - Gott soll uns behüten […]" (Grabbe, S. 100) Preußen sieht es als Mission an, sich zu nationalen Zwecken und für die Welt im Kampf gegen Napoleon aufzuopfern. Mit Gottes Hilfe, die ihnen beistehen wird, wird ihnen der Sieg gelingen.

Im Folgenden soll die Auseinandersetzung mit Napoleon anhand der Franzosen überprüft werden.

V.3. Zur Napoleonauffassung der Franzosen

Der ständige Wechsel der sprechenden Personen und die Massentreffen des einfachen Volks zeigen die Verwirrtheit, unter der die Menschen in diesem Wechsel der Regimes von Napoleon zu Ludwig zu leiden haben. Große Unsicherheit und Furcht sind in der Gesellschaft verbreitet. Das Regime des Selbstherrschers hat bleibende Spuren hinterlassen. Es kommt zu grauenhaften und blutigen Raufereien, bei denen das Volk sich amüsiert:

---

[94] Wulf Wülfing, Napoleon-Mythos, S. 171.
[95] Ebd., S. 169ff.
[96] Ebd., S. 170.

„Ha! Blut! Blut! Blut! Schaut, schaut, schaut, da fließt, da flammt es –
Gehirn, Gehirn, da spritzt es, da raucht es – Wie herrlich! Wie süß!
[...] Wer noch keine rote Mütze hat, färbe sich, bis wir edleres haben,
mit diesem Blute das Haar." (Grabbe, S. 66)

Es sind alltägliche Szenen, die auf die Politik Napoleons, dem real irritie-
renden Spannungsverhältnis des „unablässigen Tötens" verweisen.[97] Ein
Schneidermeister droht plötzlich, falls seine Ehre verletzt würde, würde er
denjenigen mit einer Nadel durchbohren und das „[...] ehe Sie ihm eine
einzige Wunde mit dem Degen anflicken!". (Grabbe, S. 60) Die Menschen
werden durch die Verrohung mit Affen verglichen: „[...] noch immer beißig,
den Pavian, ähnlichen Naturells, die Meerkatze etwas toller [...]". (Grabbe,
S. 10) Sie sind primitiv und immer bereit, zum Angriff überzugehen. Die
Gesellschaft ist durch ihre Amoralität der menschlichen Zivilisation fern.
Durch die Verrohung ist auch der Sinn für Künste verloren gegangen. Ein
Gärtner und seine Nichte sind ebenso über die Zeiten verwirrt. Jetzt müssen sie den König ehren und seinem System folgen. „Vor einem Jahr
mußt` ich [Der Alte Gärtner] ja das erste Kapitel des kaiserlichen Kate-
chismus auswendig lernen, und Napoleon anbeten." (Grabbe, S. 42) Die
Menschen wissen nicht mehr, wie sie sich verhalten sollen und drücken
sich in öffentlichen und politischen Gesprächen vorsichtig aus. Der Geist
Napoleons ist auch nach der Verbannung noch in allen Köpfen der Bevölkerung omnipräsent. Nachdem in einer politischen Auseinandersetzung
der Titel Napoleons fällt, läuft sofort der ganze Pöbel zusammen und ruft:
„Kaiser, Kaiser, - ist er wieder da?" (Grabbe, S. 13) Keiner rechnet mit
einer dauerhaften Verbannung der Kaisers. Zu gut erinnern sich die Menschen an seinen bedingungslosen Tatendrang und dass er sich nicht
einfach verbannen lassen würde. Gerne wird an die spannenden Tage
unter Napoleons Herrschaft erinnert, die im Gegensatz zur jetzigen Ödnis
stehen:

„Ja, da konnte man noch denken in den Schatzgewölben und Harems
von Persien, China und Ostindien zu schwelgen! Ach, es kommt einem jetzt auf der Welt so erbärmlich vor, als wäre man schon sechsmal dagewesen und sechsmal gerädert worden." (Grabbe, S. 15)

---

[97] Vgl. Jürgen Fohrmann, Ellipse, 121.

44

Die Menschen sehnen sich nach den Abenteuern des Herrschers. Seine außereuropäischen Eroberungen „[…] beflügelte[n] und betäube[n] zugleich die Phantasie der Europäer, der Deutschen ganz besonders."[98]

So wird er zu einer gottesähnlichen Gestalt hochstilisiert: „[…] [Militärische Wächter Napoleons] stehen neben seiner Lagerstätte wie die zurückdrohenden Cherubim an der Pforte des Paradieses" (Grabbe, S. 102) Die Cherubim sind Engelwesen, die als Hüter vor dem Thron Gottes wachen.[99] Man vermutet, dass diese Engel nahe an der Macht und Herrschaft stehen. Eine weitere Annahme ist, dass diese Namen „[…] kosmische Herrscher […]"[100] bezeichnen und somit in Verbindung mit der Kollektivsymbolik von Link gebracht werden können. Sie sind die Wächter des unermesslichen Alleinherrschers. Die Länder stehen symbolisch mit dem Eroberer Napoleon in Verbindung. Alte Soldaten des ehemaligen Oberhauptes geben den Narben, die ihnen zugefügt worden sind, erinnerungsvoll Namen der Schlachtfelder:

> „Woher hast du die ehrenvollen Narben? Das können Sie an ihren
> Namen hören: diese heißt Quiberon, da stürzten wir die Emigranten
> in das Meer, - diese heißt Marengo, da packten wir Italien, - diese –
> ach!" (Grabbe, S. 22)

Man erkennt eine Idealisierung des blutigen Heroismus.[101] der Schlachten unter der Herrschaft Napoleons. Des Weiteren ist es eine Identitätsfrage: in der Idealisierung erkennt man die Parteinahme für das Regime Napoleons. Diese Tendenz ist in der niederen Bevölkerung weit verbreitet. Die Vorahnung, dass Napoleon in das politische Geschehen eingreifen wird, ist lebendig: „[…] das Veilchen blüht!" (Grabbe, S. 62) Das Veilchen ist das kaiserliche Attribut, die Lieblingsblume von Bonaparte und „[…] zum Emblem der Bonapartisten geworden, denn als Napoleon nach Elba verbannt worden ist, legt er sich den Decknamen „Corporal Violette" zu […]".[102] Das Veilchen ist somit zum Zeichen der Napoleonverehrer gewor-

---

[98] Eckart Kleßmann: NAPOLEON und die Deutschen. Das Buch zur ARD-Fernsehserie. 1. Aufl. Berlin 2007, S. 11.

[99] Vgl. Reallexikon für Antike und Christentum: Sachwörterbuch zur Auseinandersetzung des Christentums mit der Antiken Welt. Theodor Klauser (Hrsg.). Band V: Endelechius-Erfinder. Anton Hiersemann. Stuttgart 1962, S. 79.

[100] Ebd., S. 79.

[101] Vgl. Herbert Kaiser, Alles moderne, S. 202.

[102] www.gartenveilchen.de/napoleon.htm.

den und während der ´Hundert Tage´ das offizielle Zeichen des Sieges.[103]
Diese Blumenmetapher wird von Grabbe auf den Garten übertragen:

> „Nicht so wild Kind, nicht gesprungen, - hier ging einst Buffon sehr
> ruhig und ordnete sein System. Onkel, Onkel, welch ein Morgen! Wie
> durchschimmert ihn die Frühlingssonne! [...] Du Wilde, sieh nach den
> Bäumen – Haben Weide und Kastanie schon Knospen? Ja! alle, alle,
> und die Silberpappeln knospen dazu – Oh, ça ira, ça ira." (Grabbe, S.
> 41)

Es geht um die Gartenmetapher in Verbindung mit Frankreich. Bei Chateaubriand wird sie benutzt, um das alte Frankreich paradiesähnlich darzustellen. Solange die vorrevolutionäre Ordnung geherrscht hat, ist hier
nach Aussage des Onkels Buffon spazieren gegangen. Das Kind läuft jetzt
unter den verwirrenden politischen Mißständen aufgeregt, wie eine Wilde,
hindurch. Dabei spürt es die sich anbahnende Veränderung. Die Früh-
lingssonne schimmert: der ersehnte Lichtbringer Napoleon wird zurück-
kommen und belebt das Land, so wie hier die Knospen im Frühjahr auf-
brechen. Diese Annahme bestärkt die politische Formel „ça ira, ça ira", die
vermeint: „´Kopf ab, wo es uns gefällt´[...]". (Grabbe, S. 64) Daneben
bekräftigt die Formel wiederholt die Hektik in der Gesellschaft, sogar die
Jahreszeiten werden politisiert.[104] Das Kind spürt das Ende der kurzen
Herrschaft Ludwigs XVIII.. Dieses Ende wird beim Großteil der Bevölkerung willkommen geheißen. Den Menschen ist die zurückgezogene Art der
Adligen nicht erträglich: „Zu Boden die altadligen Schurken, die dummstol-
zen Feiglinge!" (Grabbe, S. 19) Ein Abenteurer ist ihnen lieber, denn „Das
Neue [der König] ist heutzutage was Altes." (Grabbe, S. 44) Das Volk will
sich nicht mehr von einer konservativen Monarchie führen lassen wo „[...]
Pfaffen, Betschwestern und emigrierte Edelleute es beherrschen [sollen].
Das unselige Bourbonische Haus! Es wird noch einst in einem adligen
Nonnenkloster aussterben." (Grabbe, S. 37) die Unzufriedenheit nach
Napoleons Sturz ist nicht zu übersehen. Man sehnt sich nach dem weltli-
chen Herrscher einfachen Blutes. Die Bürger können nichts mit dem
christlichen Königspaar anfangen und setzen die Verteufelung des Paares
in Gang:

---

[103] Ebd.
[104] Vgl. Herbert Kaiser, Alles moderne, S. 200.

„Der dicke Herr König hinkt ja wie der Teufel – [...] [das] kommt vom Saufen, Fressen und - Sieh einmal, welch ein ernsthaftes Bocksgesicht geht ihm zur linken Seite – Still, still! Die hagere Dame auf der rechten Seite ist die Frau des Bocksgesichts [...]" (Grabbe, S. 24)

Es hat eine Verschiebung stattgefunden: vorher ist Napoleon vom Volk als Satan dargestellt worden, aber jetzt sind es die Bourbonen. „Dieses Geschlecht ist schlimmer als schlimm, es ist *ekelhaft*!". (Grabbe, S. 25) Das Geschlecht ist ekelerregend und zu nichts zu gebrauchen. Es könnte nicht einmal Nachfahren hervorbringen, die sich der aktuellen Veränderung der Welt anpassen würden: „junge [Kinder] hat er nicht und kann sie auch nicht mehr machen." (Grabbe, S. 25) Unter den Bourbonen gehört alles der alten Welt an, mit der sich das Volk nicht mehr identifizieren kann. Die Hoffnung auf Napoleons Wiederkehr besteht jedoch ununterbrochen:

„Noch ist es nicht aller Tage Abend und wär` er da, so möchte wieder gebadet in den Wogen seines heimatlichen Mittelmeeres mit neuem Glanze ein ungeheurer Meerstern aufsteigen, der die Nacht gar schnell vertriebe!" (Grabbe, S. 20)

Der Abend ist finster und kann auf einen periodisch begründeten Verfall hindeuten, wie er in der Nachfolge der Französischen Revolution für feudale Beschreibungen verwendet wird.[105] Der Meerstern wird erwartungsvoll herbeigesehnt, der das Volk von der überkommenen Bourbonenherrschaft befreien soll und eine „Glorifizierung"[106] der Tatkraft Napoleons darstellt. Er wird zum Retter der Nation stilisiert. Das politische Zeitinteresse im Konflikt von weltlichen und feudalen Herrschern weist starke „Folgeerscheinungen der R e v o l u t i o n"[107] auf und rückt diese in den Vordergrund.[108] Im weiteren Verlauf werde ich der Frage nachgehen, wie die Darstellung des Kaisers aufgrund dessen symbolisch intensiviert wird.

---

[105] Horst S. und Ingrid G. Daemmerich: Themen und Motive in der Literatur. 2., überarb. Und erw. Aufl. 1995. [Uni-Taschenbuch;8034: Grosse Reihe]. S. 260.
[106] Herbert Kaiser, Alles moderne, S. 207.
[107] Karl Lelbach: NAPOLEON in der Auffassung und in den Versuchen künstlerischer Gestaltung im Drama bei Grillparzer, Grabbe und Hebbel. Bonn 1914, S. XII. Hervorhebung durch den Autor.
[108] Ebd., S.XII.

V.4. Kollektivsymbolik und Intensivierung

„Bei dem „Napoleon" schob sich das [aktuell] politische Interesse von selbst in den Vordergrund."[109] Ich werde durch die Kollektivsymbolik „[…], die nach der bleibenden Bedeutung der Französischen Revolution fragt […]"[110] weitere „Zeichen der napoleonischen Legende"[111] herausarbeiten.

Die großen Massenansammlungen, „Stimmungsbilder und Volksszenen mit ihrem Thema „Zeit und Revolution""[112] sind in fast jeder Szene zu finden. Zum Beispiel: „Gedränge von Volk […]"(Grabbe, S. 23), „*Vieles Volk* […]" (Grabbe, S. 43), das „Volk" (Grabbe, S. 60), „Bewegung", „Volk überall." (Grabbe, S. 81), „[…] überall in die Heerhaufen." (Grabbe, S. 127). Das sind nur einige Beispiele, um zu zeigen, wie der Autor versucht, das Kollektiv darzustellen, als Repräsentation des „[…] Ganzen als Summe'"[113] Wenn einzelne Figuren auftreten, werden sie dicht gefolgt von weiteren Menschengruppen, und nicht selten führt dies zu chaotischen Situationen. Damit die Ruhe unter den Menschen zumindest zeitweise garantiert wird, treten häufig Beamte wie der „Gensd`armes" (Grabbe, S. 13) auf, um für Ordnung zu sorgen: „[…] fort mit dir, - du veranlassest Aufruhr –". (Grabbe, S. 13) An einer weiteren Stelle wird dafür gesorgt, dass bei Menschenansammlungen alle weggesperrt werden: „Aufruhr-schreier – Ihr werdet verhaftet." (Grabbe, S. 21) Die ganze Bevölkerung unterliegt den „[…] Wirren in Frankreich […]"[114]. Ständig sind überall Stimmen zu hören, und überall kommen Menschenmassen zusammen oder gehen auseinander. Die Planeten spielen eine weitere Rolle zur symbolischen Aufladung von Napoleons Größe: „Aber sowenig wie die Sonne dort oben, kann eine Größe wie die Seinige untergehen und Er kommt wieder." (Grabbe, S. 14) Mit seiner Stärke wird er dem Planeten-system zugeordnet. Jürgen Link zufolge gelten Kometen und Planeten als Symbol der „Freiheit vor einem Zentrum"[115]. Er ist derjenige, der die irdi-sche Ordnung aus der Bahn bringen kann, ähnlich wie das Kreisen der

---

[109] Karl Lelbach, Napoleon, S. 22.
[110] Jürgen Link: Die Revolution im System der Kollektivsymbolik. Elemente einer Grammatik interdiskursiver Ereignisse. In: Eibl Karl (Hrsg.): Französische Revolution und deutsche Literatur. Aufklärung, 1.2. 1986. S. 5.
[111] Karl Lelbach, Napoleon, S. VIII.
[112] Ebd., 26.
[113] Herbert Kaiser, Alles moderne, S. 197.
[114] Karl Lelbach, Napoleon, 24.
[115] Jürgen Link, Kollektivsymbolik, S. 11.

Erde um die Sonne, kann Napoleon sinnbildlich diese kreisende Ordnung erschüttern: „[…] Europas, ja, des Erdkreises Schicksal schwebt in dieser Stunde auf dem Spiel […]". (Grabbe, S. 127) Napoleon ist der Bahnbrecher, der fähig ist ein ganzes System auf den Kopf zu stellen. „Die Landung von Elba wurde zum Weltereignis […]". (Grabbe, S. 54) Durch Napoleon wird das Erdensystem umgewälzt und erscheint in Begleitung der „[…] stilldunkle[n] Wetternacht […] Erst wenn du getroffen bist, merkst du: es hat geblitzt […]". (Grabbe, S. 54) Seine Anwesenheit wird mit der Metaphorik des Blitzes verglichen, eine exemplarische bildliche Darstellung, die Napoleon noch in seiner übermenschlichen Stärke intensiviert. Durch ihn besteht die Möglichkeit, dass „[…] Himmel und Erde […]" (Grabbe, S. 135) einbrechen. In seinem unnachahmlichen Tatendrang ist er schneller als alle anderen Menschen: „[…] und Er hat alles getan, ehe wir sprachen." (Grabbe, S. 39) Kein menschliches Wesen ist ihm voraus, nicht einmal die technisch neue Errungenschaft des Telegraphen. Selbst dieser erweist sich ungeeignet in Bezug auf Napoleon. „Eure Kuriere und telegraphischen Depeschen waren stets langsamer als Er!". (Grabbe, S. 51) An Schnelligkeit ist er unschlagbar, weiß aber sofort seinen Nutzen aus dieser Technik zu ziehen: „[…] die Telegraphenlinie von Toulon lügt, und das äußerst grob […]". (Grabbe, S. 59) Er weiß mit allem zu seinem Vorteil umzugehen und kann durch nichts aufgehalten werden. Napoleon wird zum „´Medienereignis´"[116] indem die Menschen „[…] in Napoleon ihre emblematische *pictura* finden, deren *subscriptio* Geschwindigkeit heißt."[117] Deshalb stellt dies erst die „[…] Bedingung der Möglichkeit seiner Mythisierung."[118] dar. Die Zeit rennt bei Napoleon, jede Sekunde wird genutzt: „Unter dem Kaiser sind die Stunden tausendmal kleiner […]" (Grabbe, S. 87) Das Volk unterstützt diese symbolisch hochgeladene Figur: „[…] [es] ruft Ihnen immer donnerndes Vivat-" (Grabbe, S. 73) zu. Das Donnern ist eine Naturgewalt, die sich über der Erde abspielt. Es wird eine einzig revolutionäre und kollektivsymbolische Stimmung erzeugt, denn Napoleons Auftreten wird diesen Naturgewalten gleichgesetzt: „[…] Napoleon erschien mit seiner Armee urplötzlich […]". (Grabbe, S. 113) Genau wie

---

[116] Jürgen Fohrmann, Ellipse, S. 122.
[117] Ebd., S. 122.
[118] Ebd., S. 125.

Blitze erscheint Napoleon blitzartig und kraftvoll. Sein „[…] Heer der Sterne [taucht] freudetrunken auf […] Und bebt vor wonnigem Gefühle […]“. (Grabbe, S. 46f.) Das Heer besteht aus Sternen von der Menschheit abgehoben. Bei ihrer Ankunft „[…] umwölke der Himmel seine Sterne noch dichter als er schon tut […]“. (Grabbe, S. 95) Verstärkt wird das Auftreten Napoleons mit seinem Heer durch die Bewölkung des Himmels. Letztere wird oft als Motiv von Umbruchsituationen benutzt. Durch das Beben in Relation zu Erdbeben wird diese Darstellung weiter intensiviert. Die unvergleichbare Figur Napoleons, auf die diese Zustände zurückzuführen sind, evoziert eine Gesamtstimmung, wie im „Gewitter der Schlacht“. (Grabbe, S. 101)

Nach dieser Analyse der Darstellungsweise Napoleons nach seinem Tod, wird jetzt untersucht werden, wie sich die Gemeinsamkeiten und Unterschiede auf der französischen Seite weiterentwickelt haben.

VI. Alfred Dumas: *Napoleon Bonaparte*

Dieses Theaterstück von Dumas wird lediglich bei Karl Lelbach kurz erwähnt. [119] Hier heißt es, das Stück gebe die „[…] populär-volkstümliche Napoleongestalt, als Zugeständnis an den Zeitgeschmack […]"[120] unter der „[…] leidenschaftlich erregten Volkstimmung […]"[121] wieder. Vielleicht ist dies der Grund, dass das Drama aufgrund des zeitlichen und gesellschaftlichen Geschmackswandels in der Forschung kaum berücksichtigt wird. Episodenhaft werden Ausschnitte von Napoleons Aufstieg bis zu seiner Verbannung nach Sankt Helena gegeben.

VI.1. Zum Weltherrscher und Patriarchen

Napoleon, „[…] l´envoyé de Dieu […]" (NB, S. 46) ist der Auserwählte Gottes. Er ist von Gott als oberster Herrscher auf den Thron gesetzt worden: „[…] le trône – c´est moi." (NB, S. 53) Napoleon sieht sich als absoluter Herrscher, dem die Welt untertan ist. Unter der Obhut Gottes braucht er sich nicht um sein Leben zu sorgen. Keine Gefahr kann ihn abschrecken: „[…] le boulet qui me tuera n´est pas encore fondu." (NB, S. 56) Durch diese Aussage des Herrschers wird nahegelegt, dass er nicht aufgehalten werden kann. Vor Kugeln braucht er sich nicht in Acht zu nehmen, er sieht sich als unsterblich. Wie eine übermenschliche Gestalt obliegt ihm die Kontrolle über das Reich „[…] par mon [Napoleon] manteau impérial […]". (NB, S. 36) Er überdeckt das gesamte eroberte Gebiet unter seiner mächtigen Herrschaft, wie mit einem Mantel. Alles verschlingt er förmlich: „[…] que nous [Napoleon und das Militär] dévorons […]". (NB, S. 36) Menschliche Züge scheinen verloren zu sein. Sein Erfolg geht auf übernatürliche Begebenheiten zurück, denn ein überlegtes und taktisches Vorgehen sind ihm fremd. Er besteht nur auf genauer und sofortiger Umsetzung seiner Ideen ohne Ausnahme: „[…] moi – bonhomme, - qui n´ai d´éloquence que par boutade, et qui gouverne le monde – les bras croisés." (NB, S. 35) Mit dieser Aussage bekräftigt Napoleon seine Position

---

[119] An dieser Stelle möchte ich kurz auf meinen Forschungsstand eingehen. Mit der Ausnahme von Grabbes Drama habe ich festgestellt, dass die übrigen Werke kaum direkt berücksichtigt wurden. Ich habe festgestellt, dass zur Napoleonforschung das Augenmerk auf standardisierte Werke gelegt wird. Dies können Sie an meiner Sekundärliteraturangabe prüfen. Ebenso bestätigt sich diese Annahme bei Christiane Bénardeau, die exempelhaft Napoleondarstellungen in der Literatur vorstellt. Leider bleiben auch dort meine auserwählten Texte unberücksichtigt.
[120] Karl Lelbach, S. VIII.
[121] Ebd., S. VIII.

als alleiniger Weltherrscher. Mit den gekreuzten Armen wird sein unbeugsamer Wille unterstrichen. Der herrsüchtige Napoleon ist unerschöpflich und ständig in seinen politischen Gedanken versunken. Somit kennt er keine Müdigkeit: „Tous dorment, seul je [Napoleon] veille avec ma pensée, pensée de guerre [...]". (NB, S. 43) Ständig begleiten ihn neue Kriegsgedanken, damit er zunehmend die Weltherrschaft an sich reißen kann. Er ist ein „gagneur de batailles"[122], der von der militärischen Tradition weit entfernt ist und deren Regeln missachtet. Dabei ist er stets auf seinen eigenen Vorteil bedacht und schreckt auch nicht vor Falschheit zurück: Er lässt zum Beispiel Spione, die von seinen Kriegsgegnern geschickt werden, in seine Dienste treten. Spione zeugen von Hinterhältigkeit und sind ohne Ehre. Ihre Vorstellung von Recht und Anstand sind verdorben:

> „Le véritable courage, c´est le mien [Spion]; c´est celui de l´homme
> qui abscurément risque vingt fois par jour une vie, qu´il ne peut
> perdre que d´une manière ignominieuse, à laquelle les hommes ont
> attaché le mot honte pour une mort infâme, [...]". (NB, S. 11)

Napoleon hingegen stört diese Auffassung von Ehre nicht. Für ihn ist es wichtig, dass man seinem Willen unter allen Umständen Folge leistet. Diesen Wunsch sieht er in dem Spion erfüllt. Deshalb lässt er ihn in seine Dienste treten und lobt ihn: „Tu es brave." (NB, S. 12) Napoleon treibt die Pervertierung der Moral und der Sitten der Gesellschaft voran. So werden unter dem gottlosen Herrscher, dem „[...] plus puissant chef des Mamelucks." (NB, S. 18) alle fundamentalen Werte der französischen Gesellschaft zerstört. Napoleon hat kein Verständnis für französische Traditionen. Er beruft sich, um seine Herrschaft zu legitimieren, auf die „[...] fatalité antique [...]". (NB, S. 34) Platz für einen Voltaire zum Beispiel sieht Napoleon nicht. Dazu fehlt ihm der Zugang: er bevorzugt einfache und praktische Literatur, mit der er sich identifizieren kann: „[...] ses Grecs sont Grecs, ses Romains, Romains ... Ils ont les jambes et les bras nus, et ne portent pas la livrée de Louis XIV." (NB, S. 34f.) Napoleon sieht sich in der Tradition der großen heidnischen Weltherrscher, wie den Römern. Einen Nutzen erkennt Napoleon nur bei der Lektüre seiner antiken Vorbilder. „Nous avons une bonne traduction de Polybe et des Commentaires de César: c´est tout ce qu´il faut." (NB, S. 15) Cäsar zeichnet sich genau

---

[122] Maurice Descotes, NAPOLÉON; S. 80.

wie Napoleon durch einen ausgeprägten Willen und Stolz aus, die mit dem Willen des einzelnen assoziiert werden können und durch „[…] unberechenbare Glücksfälle[n]"[123] zustande kommen. Ebenso geht Napoleons Aufstieg „[…] à tout hasard […]" (NB, S. 15) zurück. Er ist immer seiner Zeit voraus und muss ständig versuchen, bei seinen Handlungen Zeit zu gewinnen: „Gagne du temps." (NB, S. 14) Seine unnachahmliche Schnelligkeit wird durch die blitzartige Rückkehr von der ersten Verbannung nach Elba gesteigert: „Messieurs, vous ne quitterez pas l´uniforme.– Il est possible que vous montiez à cheval d´un moment à l´autre." (NB, S. 90) Man muss zu jeder Zeit bereit sein, den Befehlen Napoleons zu folgen. In seiner bahnbrechenden Willenskraft erweist sich das „[…] génie militaire." (NB, S. 15) als unaufhaltsam: „Je ne crains rien."(NB, S. 14) So muss der tatkräftige Napoleon nach der endgültigen Verbannung nach Sankt Helena in tiefe Melancholie verfallen. Ohne die kriegerischen Aktivitäten verfällt er in eine nachdenkliche Stimmung. Ihm wird bewusst, dass er niemals wieder seinem Tatendrang wird nachkommen können. „[…] je ne monterai plus à un cheval." (NB, S. 102) Er sieht sich nicht mehr auf seinem Schimmel und geht in Passivität über. Dennoch hält er seine Erinnerung aufrecht, bewahrt seinen Stolz und sieht sich als Held der Menschheitsgeschichte: „[…] ils ne m´empêcheront pas d´être moi. […] tandis que l´empereur Napoléon demeurera toujours l´étoile des peuples civilisés!" (NB, S. 99) Er bleibt der Lichtbringer, der die Menschen befreit hat. Aufgrund der zweiten, endgültigen Verbannung, kann er sich seiner unvergesslichen Position innerhalb des französischen Volks sicher sein: „[…] vous êtes plus grand ici qu´au Tuileries." (NB, S. 98) Er sieht sich als Opfer des eigentlich legitimen Bourbonenhauses, erfreut sich aber am Gedenken des einfachen Volks und ist sich sicher, dass seine ruhmvollen Taten in die Geschichte eingehen werden. Er weiß, dass ihm nach seinem Tod auf Sankt Helena ein noch größerer Respekt aus der ganzen Welt für sein politisches Schaffen blühen wird: „[…] n´est-elle point un magnifique piédestal pour la statue colossale que m´élèveront un jour les peuples?...". (NB, S. 105) Auch in seiner aussichtslosen Situation findet er noch Gutes. Er sieht darin die Möglichkeit zu einer positiven Vermarktung beim niederen Volk. Von Letzterem ist er sich sicher, hochgeschätzt und ehrwürdig in

---

[123] Horst S. und Ingrid G. Daemmrich: Themen und Motive, S. 84.

Erinnerung gehalten zu werden. Dies kommt nicht von ungefähr, denn Napoleon wird beim einfach Volk zum Inbegriff der Freiheit stilisiert. Für die gesamte Bevölkerung heißt das Schlüsselwort „Toulon et liberté". (NB, S. 4) Mit diesem Code wird jeder Bürger in den Kreis des Freiheitskämpfers aufgenommen. Im Volk ist er beliebt und genießt Jubel und Lob: „Vive la liberté et l´empereur Napoléon!". (NB, S. 19) Er wird zum Synonym der Freiheit. Napoleon ist der Befreier, den das Volk aus freien Stücken an die Macht erwählt und der rechtmäßigen Königsfamilie demokratisch vorgezogen wird: „Le seul souverain légitime est l´élu du peuple [...]" (NB, S. 21) Er ist durch das Volk demokratisch an die Spitze gesetzt worden. „[...] le destin de la France a été remis entre les mains d´un plébicien"[124] aufgrund seiner geringen Herkunft. Der Alleinherrscher sieht sich im Dienst des niederen Volks, das für ihn das Ganze repräsentiert: „[...] que suis-je moi? roi du tiers-état [...]". (NB, S. 36) Die Bevölkerung höheren Standes ist für Napoleon nicht relevant und er würde diese am liebsten aus dem Weg schaffen. Napoleon sieht sich als Einziger in der Lage, die verkommenen Strukturen unter der Herrschaft der Bourbonen wieder zu heilen. Dazu möchte er den Adel beseitigen und außer Kraft setzen, damit er keinen Schaden mehr anrichten kann: „J´en veux faire une pépinière de grands hommes." (NB, S. 27) Mit seiner väterlichen Zuwendung möchte er Frankreich heilen: „[...] que seul je pouvais sauver la France, seul je puis la consolider." (NB, S. 27f.) Die Bevölkerung kann nur durch Napoleon gerettet werden. „Gegen Ende der 1790er Jahre jedenfalls diagnostizierten viele eine geradezu ausweglose Krise. Und es war in dieser Situation, daß Napoleon Bonaparte seinen Mythos als „Retter" der Revolution begründen konnte."[125] Der Autor lässt Napoleon seinen Status als Retter selbst aussprechen. Er behütet das Volk wie ein Vater: „Me voilà, enfans, ne craignez rien. Je veille sur vous, Dieu sur moi." (NB, S. 48) Er ist vom „[...] Napoléon bourreau [...]"[126] zum [...] Napoléon bienfaiteur du peuple."[127] geworden. Er möchte dem niederen Volk Sicherheit geben und sieht sich als Auserwählter Gottes erkoren, um in dieser Lage die Gesellschaft zu

---

[124] Maurice Descotes, NAPOLÉON, S. 74.

[125] Stefan Grüner/Andreas Wirsching: Frankreich: Daten, Fakten, Dokumente. Tübingen und Basel 2003. [UTB; 2401], S. 51.

[126] Stefan Grüner/Andreas Wirsching, Frankreich, S. 86.

[127] Maurice Descotes, NAPOLÉON, S. 86.

behüten. Das Volk nimmt diese fürsorgliche Gesinnung gerne entgegen und Napoleon wird zur Vaterfigur, die alle beschützt: „vous êtes notre père à nous [...]" (NB, S. 77) Er leitet somit seine Kinder. Napoleon bekommt von seinen Schützlingen die Vormundschaft auferlegt. Seine Entscheidungen, die er als Familienoberhaupt trifft, werden vom Volk immer gebilligt. Er kann ständig mit „[...] applaudissemens de l´univers!" (NB, S. 48) rechnen. Immer wird ihm seine Familie folgen bei seinen Unternehmungen. Die Menschen vertrauen ihm und sehen in ihm ihren Retter, der sie dauerhaft auf den richtigen Pfad führen wird. Die Politik mit der er die Menschen führen möchte, ist vergleichbar mit einem „[...] échafaudage que vous [Napoleon] ferez tomber quand tout sera fini." (NB, S. 26) Seine Politik kann, wie prognostiziert, nicht auf Dauer gelingen, jedoch fühlt sich die niedere Bevölkerung unter seiner Herrschaft sicherer. Die wirft die Frage nach einer Analyse auf, wie sein politisches Handeln dargestellt wird.

VI.2. Politik ohne Grenzen

Der Weltherrscher ist ein geschickter Politiker, der sein Reich wie ein „[...] architiecte habile [...]" (NB, S. 26) baut. Um seine Ideen durchzusetzen, verlangt er eine absolute Leistung von seinen Armeen. Das Militär wird unter seiner Leitung gezüchtigt. Unter dem Kommando Napoleons fällt immer Arbeit an, Soldat zu sein ist: „[...] je [ein Soldat] demande de l´activité" (NB, S. 74) Der Herrscher weiß, dass dies der einzige Weg ist, seine Macht zu vergrößern. Denn die Passivität ist der Königsfamilie zum Verhängnis geworden: „Prenez-garde, si vous refaites le lit des Bourbons, de n´y pas coucher dans dix ans." (NB, S. 25) Es sind Warnungen, die Napoleon ernst nimmt, und er versucht, seine tatkräftige Moral auf das Militär zu übertragen: „- Notre [Napoleon und das Militär] force est plutôt morale que matérielle [...]". (NB, S. 48) Er geht immer mit gutem Beispiel voran, und jeder weiß, dass ihr Anführer sich für nichts zu schade ist. Seine Armeen bestehen aus Bürgertruppen, die sich ihm freiwillig angeschlossen haben. Das rechtfertigt die Schnelligkeit und Effektivität der Soldaten, die in moralischer Höchstform sind.[128] Er betrachtet seine Ar-

---

[128] Vgl. www.gorki.de/-/download.php?id=18311: Andrea Polaschegg: Des Satans dickste Bohne. Grabbe, Kleist und Napoleon. Vortrag im Rahmen des Klub Geschichte: „Napoleon oder die hundert Tage" am Maxim Gorki Theater Berlin. 24. Oktober 2006. [Pdf-Datei].

mee nicht von oben herab, wirkt selbst unermüdlich unter allen Umständen mit und lässt sich von nichts abbringen: „[...] prendre Toulon; je le prendrai, j´en jure sur mon nom!". (NB, S. 16) Sein beharrender und unbeugsamer Wille in militärischen Angelegenheiten manifestiert sich wie folgt: „[...] si l´on était ingrat envers lui, je vous préviens qu´il s´avancerait tout seul." (NB, S. 17) Das hochmotivierte Militär erscheint wie unbesiegbare Engel. Sie werden in den Bereich des Überirdischen gehoben. „[...] soldats qui aient des ailes [...]". (NB, S. 6), eine Anspielung auf die biblischen Engel der Cherubim, die für Macht und Herrschaft stehen.[129] Mit den unzähligen himmlischen Heerscharen, über die Napoleon selbst, aufgrund der Menge keinen Überblick mehr hat, wird die enorme Stärke unterstrichen: „Dix mille, vingt mille, qu´importe!" (NB, S. 8) Napoleon interessiert sich nur für das Kollektiv, die Individuen sind nichtig. „pourvu qu´il m´en reste trois mille pour y mettre une garnison." (NB, S. 8) Solange ausreichend Anhänger präsent sind, um seinen Wünschen nachzukommen, ist der Herrscher zufrieden. In diesen Aussagen spiegelt sich die Tendenz seines politischen Systems wider: ein völlig zweckorientiertes, diszipliniertes und militärisches Regime. Kein Vergehen ist dem Herrscher zu grausam, um seine Ziele zu erreichen: „[...] qui m´indiquera celle des huit cents maisons de Toulon qu´il faut incendier? [...] Qu´importe! Turenne a bien brûlé le Palatinat." (NB, S. 7) Ihm ist bewußt, dass seine Taten kriminell sind, aber ohne sie können seine Bestrebungen zum Herrscher eines Weltreichs keinen Erfolg haben: „C´était nécessaire à ses desseins; ici c´est un crime inutile." (NB, S. 7) Napoleon will unbedingt ein Weltreich ohne Grenzen schaffen, ein gottgewolltes Ziel, seiner Meinung nach. Er stellt sich vor, wie er mithilfe seiner militärischen Engelscharen Moskau einnimmt und die Stadt zu einer der Pforten dieses Reiches wird: „Dieu me donne le temps et la force, et je fais de Moscou une des portes d´entrée de mon royaume européen!" (NB, S. 46) „[...] dieu-Napoléon [...]"[130] diese Idee hat ihren Ursprung in der Sankt Helena Dichtung.[131] Dort wird sich der Protagonist am Ende des Dramas befinden. Noch aber

---

[129] Vgl. (Anm. 94).
[130] Maurice Descotes, NAPOLÉON, S. 7.
[131] Maurice Descotes, NAPOLÉON, S. 7.

will Napoleon ein Europa ohne Grenzen erbauen.[132] Er und seine Armeen werden alles in ihrer Macht Stehende versuchen, um dieses Ziel zu erreichen. Dazu wird er zuerst alle Throne zerstören: „Eh bien! Je les détrônerai tous, et alors je serai leur aîné." (NB, S. 25) Er kann nicht damit leben, sich einem anderen Menschen unterzuordnen. Deshalb wird er alles Nötige versuchen „[…] de digérer […]". (NB, S. 14) Er wird die Throne verschlingen, damit sie ihm gehören und er sich als der Größte ausgeben kann. Dann könnte er die Standesgrenzen völlig überschreiten und sich über die Königshäuser stellen. Der zukünftige Herrscher Europas versucht mit allen Mitteln „[…] [d´] arracher le sceptre de l´Europe." (NB, S. 37) Das Zepter als Herrschaftssymbol unterstreicht Napoleons unschlagbare Größe. Der Herrscher, der sich von Gott begünstigt sieht, will alle Völker unter seine Führung stellen: „Ce ne sont point des barbares cherchant de meilleurs climats […]". (NB, S. 43) Napoleon ist überzeugt davon, dass er die Menschen, in ein besseres Leben führen kann. Aus den unzivilisierten „bêtes féroces!" (NB, S. 47) will er ihnen nach französischer Lebensart ein gutes Dasein ermöglichen. Dabei vergisst Napoleon nie den Aspekt seiner Machtgier: je mehr Land er gewinnt, desto stärker wird er. Die Nützlichkeit steht außer Frage. „Et le pays par lui-même est-il agricole? […] Oui, agréable ou agricole, comme tu voudras …". (NB, S. 39) Solange das Land am Schluss ihm gehört, kann er sein Ansehen und seine Macht steigern. Was nicht passt, wird auf militärischem Weg passend gemacht. Unter dieser offensiven und radikalen Politik sieht der Adel sich in Gefahr. Um Napoleons Politik und ihm entgegenzuwirken finden viele Verschwörungen statt. Am besten wäre es „[…] sie on l´assassine." (NB, S. 21) Der europäische Adel kämpft vereint gegen den anscheinend unbesiegbaren Herrscher:

> „[…] le prince de Schwartzemberg et trente-quatre mille Autrichiens; à
> leur gauche venant de Varsovie, et marchant sur Bialystock et Grod-
> no, le roi de Westphalie avec soixante-dix-neuf mille deux cents
> Westphaliens, Saxons et Polonais; à côté d´eux le prince Eugène
> achèvera de réunir vers Mariendol et Pilong soixante-dix-neuf mille
> cinq cents Bavarois, Italiens et Français; puis l´empereur, avec deux
> cent vingt mille hommes commandés par le roi de Naples, le prince

---

[132] Vgl. (Anm. 60).

d´Eckmuhl, les ducs de Dantzick, d´Istrie, Reggio, d´Elchingen; enfin devant Tilsit, Macdonald et trente deux mille cinq cents Prussiens, Bavarois et Polonais [...]" (NB, S. 32f.)

Diese Auflistung der Gegencorps verweist auf die übernatürliche Unbesiegbarkeit und Härte Napoleons als „[...] politisch-militärische[n] Ausnahmeerscheinung [...]"[133]. An dieser Stelle entsteht durch die große Anzahl der Kriegsgegner ein Bild eines Kampfs zwischen Gut und Böse.[134] Napoleon, der stählerne und unbesiegbare Held, muss sich gegen die gesamte Welt verteidigen. Die Konservativen haben sich international zusammengeschlossen, um gegen ihren gemeinsamen Gegner anzutreten: „´Les Puissances ayant proclamé que l´empereur Napoléon était le seul obstacle au rétablissement de la paix en Europe [...]". (NB, S. 66) Im Angesicht der Königshäuser ist Napoleons radikale Europapolitik ohne Grenzen eine reine Kriegspolitik gegen den Adel. Es entsteht dadurch eine „[...] portée de propagande en faveur des Bourbons [...]"[135] Europas Adel kämpft vereint gegen Napoleon. Er allein ist der Antreiber dieses Bösen, ein „[...] misérable fou, avide de sang et de carnage" (NB, S. 79) ist.

---

[133] Andrea Polaschegg, Satans dickste Bohne, S. 3.
[134] Vgl. (Anm. 56).
[135] Maurice Descotes, NAPOLÉON, S. 71.

VII. Schluss

Ich fasse zusammen: außergewöhnlich ist bei Reichardt die genaue Beschreibung Napoleons, ein Porträt, vielleicht darin begründet, dass ihm Napoleon bei einer Audienz persönlich vorgestellt wird. Dem kleingewachsenen und egoistischen Napoleon schreibt Reichardt keine positiven Attribute zu. Der Herrscher ist auf sich bezogen, hat keinen Sinn für Kultur, Bildung und scheut die Menschen. Sein Erfolg ist in einer glücklichen Fügung begründet. Napoleon ist ein Propagandist, der es liebt, sich selbst in Szene zu setzen und kein Geld scheut seine Person durch prunkvolle Bauten, Inszenierungen und Glanz zu stilisieren. Der größenwahnsinnige autoritäre Politiker sieht sich als Alleinherrscher. Unter seiner Diktatur herrscht absolute Kontrolle und Zensur. Auf Werte der Aufklärer wie Meinungsfreiheit wird keine Rücksicht genommen. Ihm allein soll das Volk dienen. Unter seiner Herrschaft wird die Bevölkerung aller Rechte beraubt. Für ihn besteht das Volk nicht aus Individuen, sondern als Kollektiv. Napoleon benutzt es, um seine militärischen Bestrebungen zu verwirklichen. Das Militär hat oberste Priorität, so dass der Schulunterricht in ´Militärunterricht´ wechselt. Dem autoritären Menschenverächter wird das Ideal eines Herrschers entgegengesetzt. Friedrich II., König der Preußen wird als exaktes Gegenbild benutzt, die schlechte Politik des unrechtmäßigen Kaisers zu entlarven. Auffallend sind die genau gegenteiligen Beschreibungen der Eigenschaften, Bildung und des Aussehens ins Positive. Man erkennt die nationalen Bestrebungen hinter diesen Darstellungen. Reichardt setzt sich dafür ein, seinen König im Vergleich zu Napoleon zu preisen und seine Herrschaft zu legitimieren. Friedrich führt mit seiner Politik die Menschen ins Glück, während Napoleon nichts weiter als ein pervertiertes Staatssystem als ´Kind´ der Revolution hervorgebracht hat.

Dennoch drückt Reichardt sich im Vergleich zu Chateaubriand vorsichtiger und ´neutraler´ aus. Das liegt vielleicht an der Nationalität des Autors. Chateaubriand hat sich als Franzose und Adliger betroffener gegenüber dem Zerstörer seiner Heimat gefühlt. Er geht kaum auf die Physiognomie des Kaisers ein und weist ihm unmenschliche Züge ohne jegliche menschliche Eigenschaften zu. Er wird als Tyrann eingeführt, dessen Politik auf infantilen Vorstellungen beruht. Der Autor bezeichnet ihn als Abenteurer, der das Ziel verfolgt, die Welt zu erobern. Ohne Rücksicht auf Verluste reduziert er die Menschen auf ihren Nutzwert. Für Napoleon stellen sie nur das 'Kanonenfleisch' für seine militärischen Bestrebungen dar. Er treibt das Land und die Bevölkerung in ein finanzielles und militärisches Desaster. Der Despot macht aus allem Geld. Er verschlingt es förmlich und erzielt sogar Profit aus toten Rekruten, die ihren Dienst nicht mehr antreten konnten. Er ist der personifizierte Minotaurus, der die Kinder der Nation 'frisst' und das gesamte Fundament Frankreichs zerstört. Der gottlose Fremde, der keine französische Eigenschaft in sich trägt, beraubt das Volk allen Glücks. Beinahe wie Satan ist er für die Vertreibung aus dem Paradies verantwortlich, das einst echte französische Staatsmänner in idyllischer Weise angelegt haben. Nach Chateaubriand hat er das Land dechristianisiert und die Menschen verseucht: alles ist krank. So beschreibt auch Reichardt die Zustände in der Gesellschaft, jedoch drückt er sich indirekter aus. Um die Nation wieder genesen zu lassen, müsste der ausländische Thronräuber verschwinden und der legitime Bourbonenkönig auf den Thron gesetzt werden. So könnten die zugefügten Wunden wieder heilen. Wenn ein Herrscher der Familie der Bourbonen auch nur eine einzige Idee während seiner Regierungszeit hätte, wäre dies vorteilhafter als von einem Tyrannen, wie Napoleon beherrscht zu werden. Bonaparte wird dazu instrumentalisiert, dem Leser „royalistisch-reaktionäre[r]"[136] Überzeugungen näherzubringen. Mit seinem Vergleich ergreift der Autor Partei für die Bourbonenfamilie und möchte diese wieder als höchste Instanz über Frankreich walten sehen. Nur so kehrte wieder Friede im 'idyllischen Garten' ein. Auch bei Chateaubriand werden politisch-konservative Überzeugungen sichtbar in seinem Plädoyer für seinen König.

Als Napoleon nach seinem Tod von der Bühne des politischen Geschehens entfernt ist, rückt er in den Bereich des Religiösen und Mythischen. Seine bahnbrechenden Leistungen werden anerkannt, und eine zunehmende Sympathie wird dem verhassten Tyrannen zuteil.[137] Napoleon wird bei Grabbe zu einer zum Teil mitleiderregenden Figur, die ihre Kraft in Erinnerungen sucht. Napoleon ist zur Halbgottheit geworden, ein Übermensch, der sich in die Reihe der großen Weltherrscher wie Cäsar ein-

---

[136] Elisabeth Frenzel: Stoffe der Weltliteratur. 3., überarb. Und erw. Aufl. Stuttgart 1970, S. 523.
[137] Ebd., S. 524.

ordnet. Zur Intensivierung der Wirkung Napoleons wird er durch Metaphorik stilisiert. Er wird mit Attributionen der Natur, wie Blitz, Donner, Gewitter in Verbindung gebracht. Des Weiteren wird er durchgehend mit Elementen des Kosmos verglichen. Er wird mit der Sonne, den Sternen verglichen, als Lichtbringer. Die Metaphorik dient der Erhebung auf die Ebene revolutionärer Symbole. Napoleon wird mit Prometheus verglichen, der beinahe aus altruistischer Bestimmtheit den Menschen die Freiheit bringen möchte. Auch Grabbe, wie die beiden vorangegangenen Autoren, offenbart seine politische Meinung über den Kaiser. Er ist enttäuscht von der erstarrten politischen Situation der Restauration und der gescheiterten Juli-Revolution. Am Beispiel Napoleons geht er seinen Sehnsüchten nach einer menschenfreundlicheren Politik nach, die nichts mehr mit den starren Strukturen der Restauration zu schaffen hat.

Bei Dumas wird an Napoleons Werdegang in verschiedenen wichtigen politischen Etappen erinnert. Es wird viel Wert auf die Erzählung aus vergangener Zeit gelegt. Wie bei Grabbe versucht man sich an den Befreier mit seiner väterlichen Fürsorge zu erinnern. Die einfache Bevölkerung verehrt Napoleon im Angedenken an vergangene Zeiten, wie bei Grabbe. Der Kaiser repräsentiert das Absolute, immer rastlos für das gemeine Volk kämpfend. In den beiden Texten werden auch Episoden aus seinem Schreckensregime erwähnt, wie bei Reichardt und vor allem bei Chateaubriand. Der Leser bemerkt allerdings, dass die Intensität bezüglich der Darstellungsweise schwach geworden ist. Das liegt in der Tatsache begründet, dass durch den Tod Napoleons die Herzen der Menschen gerührt worden sind und ihm mehr Sympathie entgegengebracht wird. Der Fokus wird auf die großen Leistungen gerichtet unter der Herrschaft Napoleons.[138] Bei Dumas wird er zum Erbauer Europas ohne Grenzen. Auch kommt das Attribut der Schnelligkeit Napoleons zur Geltung, wenn auch in einer weniger intensiven Darstellungsweise. So verhält es sich ebenfalls mit den kollektivsymbolischen Merkmalen bei Letzterem. Der Kampf gegen das Königshaus wird in den beiden letzten Texten dargestellt. Es ist ein Kampf im übertragenen Sinn zwischen konservativ-royalistischen und liberal-republikanischen Ansichten, der bei Grabbe und ähnlich bei Dumas

---

[138] Vgl. Elisabeth Frenzel, Weltliteratur, S. 524.

als eine Art Auseinandersetzung zwischen gut und schlecht gedeutet werden kann.

VIII. LITERATURANGABEN

VIII.1. Primärliteratur

A. de Chateaubriand: De Buonaparte, des Bourbons, et de la nécessité de se rallier à nos princes légitimes, pour le bonheur de la France et celui de l`Europe. Paris 1814.

Christian Dietrich Grabbe: Napoleon oder die hundert Tage. Nachwort von Alfred Bergmann. Stuttgart 2005. [RUB; 258].

E.T.A. Hoffmann: Die Vision auf dem Schlachtfelde bei Dresden. In: Hartmut Steinecke (Hrsg.): E.T.A. Hoffmann Fantasiestücke in Callot´s Manier. Werke 1814. Band 2/1. [DKV].

Alexandre Dumas: Napoléon Bonaparte, ou Trente ans de l´histoire de France. In: Répertoire du Théâtre français à Berlin. N° 203. Berlin 1839.

Johann Friedrich Reichardt: Vertraute Briefe aus Paris. 1802/1803. Herausgegeben und eingeleitet von Rolf Weber. 1. Aufl. 1981. [Verlag der Nation Berlin].

VIII.2. Sekundärliteratur

Barbara Beßlich: Der deutsche Napoleon-Mythos. Literatur und Erinnerung 1800-1945. Darmstadt 2007.

Christiane Bénardeau: NAPOLÉON dans la littérature. Nouveau Monde éditions. 2004.

Ulrich Broich: Prometheus oder Satan? Zur Mythisierung von Napoleon in Deutschland und England des frühen 19. Jahrhunderts. In: Monika Schmitz-Emans/Uwe Lindemann (Hrsg.): Komparatistik als Arbeit am Mythos. Heidelberg 2004. S. 257-273.

Ingrid G. Daemmrich: Themen und Motive in der Literatur. 2., überarb. und erw. Aufl. Tübingen 1995.

Maurice Descotes: La Légende de NAPOLÉON et les écrivains français du XIXe siècle. Paris 1967.

Jürgen Fohrmann: Die Ellipse des Helden (mit Bezug auf Christian Dietrich Grabbes „Napoleon oder die 100 Tage"). In: Detlev Kopp/Michael Vogt (Hrsg.): Grabbes Welttheater. Christian Dietrich Grabbe zum 200. Geburtstag. Bielefeld 2001. [Vormärz Studien, 7]. S. 119-137.

Elisabeth Frenzel: Stoffe der Weltliteratur. 3., überarb. und erw. Aufl. Stuttgart 1970.

Stefan Grüner/Andreas Wirsching: Frankreich: Daten, Fakten, Dokumente. Tübingen und Basel 2003. [UTB;2401].

Herbert Kaiser: „alles Moderne … im Glanz der Poesie". In: Werner Broer/Detlev Kopp/Michael Vogt (Hrsg.): Grabbe-Jahrbuch. 7. Jahrgang. 1988. S. 197-209.

Eckart Kleßmann: Napoleon. Ein Charakterbild. Weimar 2000.

Eckart Kleßmann: NAPOLEON und die Deutschen. Das Buch zur ARD-Fernsehserie. 1. Aufl. Berlin 2007.

Karl Lelbach: NAPOLEON in der Auffassung und in den Versuchen künstlerischer Gestaltung im Drama bei Grillparzer, Grabbe und Hebbel. Bonn 1914. S. XII.

Jürgen Link: Die Revolution im System der Kollektivsymbolik. Elemente einer Grammatik interdiskursiver Ereignisse. In: Eibl Karl (Hrsg.): Französische Revolution und deutsche Literatur. Aufklärung, 1.2. 1986. S. 5-23.

Jean Paul: Friedens=Predigt an Deutschland 1808. Heidelberg 2008.

Ute Planert: Wann beginnt der „moderne" deutsche Nationalismus? Plädoyer für eine nationale Sattelzeit. In: Jörg Echternkamp/Sven O. Müller (Hrsg.): Die Politik der Nation. Deutscher Nationalismus in Krieg und Krisen. 1760-1960. München 2002. S. 25-59.

Ute Planert: Der Stellenwert der Religion in den Kriegen der Französischen Revolution und Napoleons. In: Franz Brendle/Anton Schindling (Hrsg.): Religionskriege im Alten Reich und in Alteuropa. Münster 2006. S. 419-431.

Christoph Prignitz: „Vive l'Empereur". Zum Napoleon-Bild der Deutschen zwischen Spätaufklärung und Freiheitskriegen. In: Harro Zimmermann (Hrsg.): Schreckensmythen – Hoffnungsbilder. Die Französische Revolution in der deutschen Literatur. Frankfurt a. M. 1989. S. 109-121.

Milian Schömann: Napoleon in der deutschen Literatur. In: Stoff- und Motivgeschichte der deutschen Literatur. Berlin 1930. S. 1-43.

Jean Tulard: Le mythe de Napoleon. Paris. 1971.

Wulf Wülfing: „Heiland" und „Höllensohn". Zum Napoleon-Mythos in Deutschland im 19. Jahrhundert. In: Helmut Berding (Hrsg): Mythos und Nation. Studien zur Entwicklung kollektiven Bewußtseins in der Neuzeit. Frankfurt a. M. 1996. [Suhrkamp-Taschenbuch Wissenschaft; 1246]. S. 164-184.

VIII.3. Internet

www.gartenveilchen.de/napoleon.htm: Veilchenliebhaber Kaiser Napoleon und Josephine, das Veilchen als kaiserliches Attribut.

google.de/books?id=mv4_AAAAYAAJ... [PDF-Datei]: Engel Christine Westphalen: Charlotte Corday Tragödie in fünf Akten mit Chören.

www.gorki.de/-/download.php?id=18311: Andrea Polaschegg: Des Satans dickste Bohne. Grabbe, Kleist und Napoleons. Vortrag im Rahmen des Klub GESCHICHTE: „Napoleon oder die hundert Tage" am Maxim Gorki Theater Berlin. 24. Oktober 2006. [Pdf-Datei]